KB268316

너 때문이야

지금, 아픈 여자 마음에 건네는 따뜻한 해법

내가 이렇게 된 건
너 때문이야

수 패턴 쏠리 Sue Patton Thoele 글 | 신주영 옮김 | 최현수 그림

차례

5. 가장 좋은 친구는 바로 나 자신이야

6. 스스로 결정하는 게 용기야

7. 내 몸 돌보기

8. 여자는 사랑으로 소통한다

9. 독이 되는 관계를 약이 되는 관계로

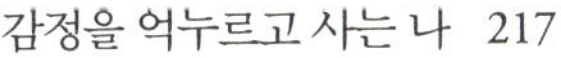

12. 내면의 지혜를 찾아서

여는 글

저는 이 책을 쓰고 나서 몇 년 동안 '여자들이 가져야 할 용기'에 대한 확고한 믿음에 대해 많은 여성분들 앞에서 강연할 기회가 있었습니다. 그때 제가 만난 많은 여성분들은 이별의 고통이나 건강의 문제로 어려움을 겪고 있었습니다. 그런데 막상 나중에 제가 비슷한 일을 겪게 되었을 때, 그분들이 오히려 저에게 큰 도움이 되어 주었습니다. 우리는 서로 속마음을 털어놓고 고통스러운 경험을 나누며, 일생 동안 쉽게 누릴 수 없는 최고의 기쁨을 함께 맛보았습니다.

한마디로 여자들은 강합니다. 환멸이나 절망, 우울증 또는 시련을 겪으면서 느낀 수치심이나 배신감을 털어 버리고 평정을 되찾아야 할 때, 심지어 사랑하는 사람의 죽음을 받아들여야 하는 극단적인 슬픔 앞에서도 여자들은 믿을 수 없을 만큼 강인한 인내심과 용기를 발휘해서 그 어려움을 이겨냅니다.

크나큰 슬픔과 아픔을 겪으면 처음에는 마치 어둠 속에 잠긴 듯 몸과 마음이 바닥으로 깊이 가라앉습니다. 하지만 결국에는 다시 수면 위로 떠오르지요. 그러나 절대 처음 상태 그대로는 아닙니다. 왜냐하면 가라앉았다가 떠오르는 과정에서 소중한 통찰을 얻게 되고, 자신과 주변 사람들에게 큰 연민을 가지게 되기 때문이지요.

엄청난 고통을 이기고 다시 도전해서 마침내 다시 일어나는 여자들을 볼 때마다, 저는 여자들이 본질적으로 얼마나 용감하고, 놀라울 만큼 지혜로운지 새삼 깨닫게 됩니다. 물론 약물에 중독되어 있거나 피해의식이나 순교자 역할에 빠져 있다면, 너무 위축된 나머지 다시 용기를 내고 회복력을 발휘하기가 쉽지는 않습니다. 하지만 그럴 때조차 여자들의 내면에는 어떤 자극인자가 존재하는 것처럼 보입니다. 바로 이런 말 같은 것이지요.

"일어나! 네 삶은 훨씬 더 풍요로울 수 있어. 너는 지금보다 훨씬 더 많은 걸 느끼고 누릴 수 있어."

여자들에게는 실제로 어려움을 이겨낼 만한 힘과 가슴으로 꽃을 피워 낼 만한 용기가 있습니다. 또 일상에서 만나는 작은 기적에도 큰 기쁨을 느낄 수 있는 지혜와, 사랑과 웃음이 넘치는 아늑한 가정을 만들어가는 능력도 있습니다. 여자들은 정말 그렇게 뛰어납니다! 그런데 안타깝게도 정작 여자들만 그것을 믿지 않아요. 남녀평등이란 면에서는 엄청난 변화와 발전이 있었지만, 여전히 스스로 부족하다는 감정을 떨쳐 내지 못하고 허우적거리는 것이지요. 여자들만의 특별한 장점인 연민이나 격려, 지원을 남들한테는 남발하면서 정작 제일 많이 필요한 자신은 간과하는 것이지요.

그것이 바로 여자들이 삶 속에서 용기를 키워야 하는 가장 분명한 이유라고 할 수 있습니다. 여자들은 스스로를 연민, 정중함, 존경심을 가지고 대해야 합니다. 자신의 눈을 가리고 있는 장막을 과감히 걷어내고 스스로를 제대로 인식해야 한다는 말이지요. 여자들은 아름답고 창의적이며 사랑스럽고, 막강한 내면의 힘을 지닌 존재들입니다. 물론 단점도 있지요. 하지만 단점이 있는 스스로를 이해하고 너그럽게 용서할 수 있는 용기를 가져야 합니다. 그리고 그것을 고치려고 노력하면 되는 거예요. 그런데 여자들 대부분은 자신의 단점과 약점 용서하기를 제일 어려워합니다. 저 역시 그랬습니다.

이 책은 제 개인적인 경험에서 나온 이야기들을 모아 엮은 것입니다. 저는 다른 사람에게 의지하기보다는 제 스스로 감정을 다스리고 능력을 키워서 마음의 평안과 용기를 얻어 보고 싶었습니다. 여자들이 대개 그런 것처럼 저 역시 겉으로는 아주 능숙하고 성공한 것처럼 보였습니다. 하지만 실제로는 자주 불안해했고 스스로를 부족한 존재라고 느끼곤 했지요. 그래서 남들의 눈에 보이는 저의 특징이 정말로 제게 있었으면 하고 늘 간절히 원했습니다. 제 내면이 겉으로 드러나는 것과 같아지게 하겠다는 목표를 세우고 나서 보니 그동안 제가 갈망해 왔던 긍정적인 태도와 믿음, 감정 같은 것들이 사실은 모두 '두려움'이라는 안개에 둘러싸여 있었다는 걸 알게 되었지요.

'용기'란, 어렵고 무섭더라도 옳다고 느끼는 것을 해내고 기꺼이 저항해서 이겨내는 힘입니다. 두려움에 맞서려면 엄청난 용기가 필요하지만, 우리는 반드시 용기를 내야 합니다. 우리가 그토록 원하는 진정한 행복은, 스스로 두려움의 족쇄를 풀고 타고난 우리 내면의 지혜와 힘 그리고 아름다움을 인정해야만 찾을 수 있는 것이기 때문입니다.

이 책에는 20년 동안 제가 정신분석가로 일하면서 얻은 경험들이 고스란히 녹아 있습니다. 20년이란 긴 시간 동안 저는 많은 여성분들을 만나 힘이 되어 드렸고, 그분들이 마음의 평화를 찾는 데 도움이 되는 방법들을 배울 수 있었습니다. 그래서 이 책에서 저와 제 친구들과 환자들에게 큰 효과가 있었던 긍정적인 말이 주는 힘과 이미지를 떠올려서 용기를 낼 수 있게 도와 주는 명상에 관해 나누려고 합니다. 이 방법이 여러분에게도 분명 자기완성을 향해 계속해서 발전할 수 있는 길을 제시하는 귀중한 길잡이가 될 것입니다.

저는 승리와 실패, 기쁨과 고통 같은 감정들이 모두 우리가 마음 깊이 습관적으로 믿어왔던 대로 이루어진 결과라고 믿습니다. 따라서 우리가 '성공'이나 '마음의 평화', '온전히 사랑할 능력'을 얻으려고 할 때에는, 그것을 방해하는 기존의 신념이나 기대를 바꾸는 것이 무엇보다 중요하다고 생각합니다.

그런데 우리가 여러 해 동안 믿어왔던 것들은 너무나 사실처럼 느껴지기 때문에, 우리 내면의 명령을 바꾸려면 엄청난 용기가 필요합니다. 긍정적인 말에서 힘을 얻는 방법과 명상은 바로 그럴 때 창의적이고도 긍정적인 변화를 이끌어낼 수 있는 강력한 도구가 될 것입니다. 여기서 제시하는 긍정적인 말들은 여자들 스스로 무의식의 판을 다시 짤 수 있도록 도와 줄 것입니다. 또 내 마음이 나를 응원하는 친구가 될 수 있도록 돕는 '치유를 위한 명상'도 제시해 드리겠습니다.

긍정적인 말의 힘을 이용하려면 처음에는 불편하다는 느낌이 들지도 모릅니다. 그래도 괜찮습니다. 치유의 능력은 보다 깊은 차원에서 발휘되기 때문에 여러분의 무의식이 스스로 새로운 믿음을 받아들일 수 있도록 충분히 시간을 두고 전념하면서 용기를 내보세요. 새로운 믿음이 여러분 내면의 비옥한 땅에 자리 잡기 시작하면, 기분부터 달라질 것입니다. 눈에 띄는 변화가 곧바로 나타나지는 않겠지만, 조금 더 인내심을 가지면 반드시 효과를 볼 수 있습니다. 생생한 이미지를 떠올리면 효과가 더 빠르게 나타날 것입니다.

명상은 여러분 자신에게 귀를 기울이게 해 줄 것입니다. 답을 가지고 있는 사람은 바로 여러분 자신이기 때문에 명상을 통해 여러분이 이미 가지고 있었거나 앞으로 터득하게 될 용기를 스스로 인정하고 받아들이는 데 도움이 될 것입니다.

이 책에 소개한 기법들은 제가 2년 동안 참여해 온 한 모임에서 뚜

렷한 효과를 경험할 수 있었습니다. 그 모임에서 우리는 나 자신뿐 아니라 서로를 진심으로 신뢰하는 방법을 배웠고, 비슷한 갈망과 목표를 품고 서로 격려하면서 훨씬 더 쉽게 용기를 얻을 수 있었습니다. 실망과 낙심에 빠진 마음을 함께 나누고 발전해 가는 서로의 모습을 축하하면서 더욱 더 성장할 수 있었기 때문입니다. 어쩌면 여러분들도 이 책을 읽고 나면 그런 모임을 만들고 싶어질지도 모르겠습니다.

이 책을 명상안내서나 일기처럼 쓸 수도 있고, 어떤 문제를 해결하는 가이드북으로 활용할 수도 있습니다. 아무 페이지나 마음대로 펼쳐서 그때그때 필요한 부분을 찾아보는 것도 좋고, 열두 개의 장을 다달이 공부해 가는 지침서로 삼아도 좋습니다.

여자들은 저마다 독특한 삶을 향한 험난한 여정을 항해해 가는 용감한 여행자들입니다. 따라서 스스로 긍정적이고 사랑스럽고 건강한 태도를 만들 수 있고, 그 태도를 계속해서 이어갈 수 있습니다. 우리는 누구나 마음의 평화를 만들어갈 수 있고, 자신의 능력을 키워 갈 수 있습니다. 이 책을 통해 자신의 직관력에 귀를 기울이고 내면의 지혜를 활용하는 방법도 배울 수 있기를 기대합니다.

수 패턴 솔리 Sue Patton Thoele

1
못하겠다고 말해도 괜찮아

남녀평등주의는 내가 성숙해지도록 용기를 주었고,
나에게 있는 여성스러운 힘을 발견하고 그 힘을 발휘해서 끔찍한 고통도
두려워하지 않고 끝까지 감당했을 때 온전한 기쁨을 누릴 수 있다는 것을
알려 주었다.
소니아 존슨

여자들은 타고 난 힘을 써서 일상을 살아갑니다. 아이를 낳고 보살피는 일처럼 여태 한 번도 해 보지 않았던 일도 다들 잘 해냅니다. 게다가 주변 사람들의 몸과 감정 상태에 신경 쓰면서 자기 자신까지 챙겨야 합니다. 그러다 보니 남을 챙기는 일에는 발 벗고 나서면서도 정작 자신을 챙겨야 할 땐 위축되거나 피해의식을 가질 때가 많습니다. 하지만 누구에게나 한계가 있습니다. 그것을 인정하지 않으면, 자기 한계를 넘어서는 일까지 무리하게 해놓고는 억울해 하거나, 자칫 잘못하면 병을 얻을 수도 있습니다. 그래서 가끔 우리가 할 수 있는 가장 용기 있는 행동은 '내가 모든 일을 다 할 수는 없다.'는 사실을 인정하는 것입니다. "여기까지!"라고 한계를 정해 놓고 더 이상의 요구를 거절할 수 있는 용기가 필요하다는 말입니다.

누가 뭐래도 그 요구를 거절할 수 있는 권한은 바로 나 자신에게 있다는 걸 잊으면 안 됩니다. 남들의 요구를 더 이상 들어줄 수 없다고 해도 그것이 잘못되었다거나 미안해할 일은 아니라는 것을 우리는 깨달아야만 합니다. 자신의 한계를 진심으로 인정함으로써 스스로를 존중해도 괜찮다는 걸 깨달아야 차분하게 자기 한계를 설정할 수 있습니다. 그것이 대부분의 여자들이 가장 어려워하는 일 중의 하나이지만, 자기 자신의 능력을 인정하고 정직하게 자기 한계를 설정하는 것이 가장 사랑스러운 용기입니다.

늘 기죽어 있는 나

여자들은 누구나 무력감이나 두려움을 느낄 때가 있습니다. 제 상담자 한 분이 자녀의 양육권 공판을 앞두고 몹시 겁에 질려 있었던 적이 있습니다. 그녀는 법률제도나 변호사에 대해서도 그랬지만 특히 전남편 때문에 완전히 기가 죽어 있었습니다. 그래서 저는 그녀에게 법정에서 자신이 강하고 안전하다고 느끼려면 무엇이 필요하다고 생각하는지 물어보았습니다.

그녀는 "성난 황소쯤은 타고 들어가야 마음이 든든할 것 같은데요." 하고 농담처럼 대답했습니다. "맞아요! 바로 그거예요!" 저는 그것이 그녀의 내면에서 나온 지혜로운 생각이라고 격려하면서 정말로 그 이미지를 떠올려 보라고 말해 주었습니다. 잔뜩 성이 나서 당장이라도 누군가를 뿔로 들이받을 기세인 황소를 타고 법정으로 들어가는 자신을 상상을 해보고는 그녀 역시 무척 즐거워했습니다. 결과는 당연히 성공적이었지요. 조금이라도 두려움이 느껴질 때마다 황소를 타고 달려드는 자기 모습을 떠올렸더니 정말 스스로 강하고 유능하다는 느낌을 받을 수 있었다고 합니다. 결국 다른 사람들도 그녀를 힘 있는 사람이라고 인정해 주었고, 그녀를 함부로 무시하거나 멋대로 좌지우지하지 않고 예우하게 되었습니다.

우리는 누구나 이렇게 자기가 상상하는 만큼 강합니다. 강하다고 생각하고 행동하면 강한 여자가 될 수 있습니다. 스스로 강하고 능력 있고 현명하다고 인식하고, 자신이 원하는 것과 필요한 것을 할 수 있다고 믿는 용기가 우리를 강한 여자로 만들어 줍니다. 하지만 그 모든 것을 혼자서 다 해야 하는 것은 아닙니다. 보이지 않는 도우미에게서 격려와 안내를 받으면서 나만의 방법으로 두려움을 물리칠 수 있습니다. 그것이 신의 힘이든 황소의 힘이든 말이지요.

- 나는 강하고 유능하다.
- 나는 한 번 마음먹은 것은 무엇이든 할 수 있다.
- 나는 힘과 확신으로 가득 차 있다.

남편에게
휘둘리며 사는 나

용기란 무엇일까요? 용기란 두려움을 느끼면서도 그 두려움을 이겨내고 행동하는 것을 말합니다. 그런데 놀랍게도 우리는 거의 매일 그렇게 하고 있습니다. 만약 두렵다고 해야 할 일을 하지 않았다면 과연 몇 명이나 낯선 곳으로 이사를 가고, 하던 일을 그만두고, 새로운 직업을 가질 수 있었을까요? 우리가 이미 용감하지 않았다면 과연 이 세상 여자들 중에 몇 명이나 자존감을 세우기 위해 노력하고 싸울 수 있었을까요?

피오나는 몇 년 동안 남편에게 휘둘리며 살아왔습니다. 남편이 불같이 화를 낼 때마다 너무나 두려워서 자기감정은 누른 채 남편을 달래며 화가 가라앉기만을 기다리곤 했습니다. 그러다가 그녀는 조심스레 남편과의 관계에 한계를 정해 보기로 마음먹었습니다. 치료사와 이야기를 나누고, 알코올중독자 모임에도 참석하면서 파탄으로 치닫는 남편과의 관계를 바꿔 보려고 노력했습니다. 마침 하와이로 여행을 떠나기 전날 밤, 남편이 또 격분해서 여행을 가지 않겠다는 것이었습니다. 그런데 그녀는 이번에야말로 확실히 성공할 수 있겠다는 느낌이 들었습니다. 그래서 평소와는 다르게 차분하게 짐을 챙기면서 슬펐지만 분노감은 담지 않은 단호한 태도로 남편에게 말했습니다. "당신이 화난 것은 나도 안타까워. 하지만 내가 이번 여행을 얼마나 고대했는지 당신도 알잖아. 당신이 가지 않겠다면 나 혼자서라도 가겠어." 사실 그녀가 이렇게 말하는 데는 엄청난 용기가 필요했습니다. 하지만 그녀는 두려움을 피하지 않고 당당히 맞서 마침내 해냈습니다. 이야기는 결국 해피엔딩이 되었지요. 남편은 자기가 화를 참지 못했던 것을 사과했고, 두 사람은 하와이에서 뜻 깊은 시간을 보낼 수 있었습니다.

이제 여러분의 행동에 초점을 맞춰 보세요. 여러분이 지금까지 힘겹다고 느껴왔던 일들은 어쩌면 아주 사소한 일이었는지도 모릅니다. 만약 여러분이 지금 우울하거나 비통하거나 고통스럽다면, 아침에 일어나서 침대 밖으로 나온다거나 저녁식사를 준비하는 단순한 일을 하는 데에도 용기가 많이 필요할 것입니다. 그럴 때는 두려움을 느꼈지만 피하지 않고 행동했던 여러분의 경험을 적어 보고 믿을 만

한 사람에게 보여 주세요. 매일매일 혼자서도 용감하게 행동해 왔더라도 누군가와 그 경험을 나누면 자신을 되돌아볼 수 있는 좋은 기회가 됩니다.

- 나는 두려워도 행동할 용기가 있다.
- 나에게는 해야 할 일을 해낼 수 있는 힘이 있다.

다 내 탓이라고
여기는 나

우리는 종종 남들에게 내가 상처받는 걸 그냥 내버려 두곤 합니다. 괜한 죄책감을 느끼거나 남들이 나를 함부로 대하는 것이 다 내 탓이라고 생각하기도 합니다. 그런 생각을 떨쳐 버리려면 용기가 필요합니다.

사라는 아버지와 언니의 말이나 행동 때문에 오랫동안 상처를 받아왔습니다. 그리고 그것이 다 자기 탓이라고 여기고 죄책감에 시달렸습니다. 그런데 어느 날 동물원에 갔다가 고릴라가 고래고래 소리를 지르며 구경꾼들에게 똥을 집어던지는 광경을 목격하게 되었습니다. 사람들 틈에서 그 장면을 지켜보던 사라는 문득 한 가지 깨달음을 얻었습니다. 그 고릴라가 어느 한 사람을 표적으로 삼고 있는 건 아니라는 사실이었습니다. 그 뒤로는 아버지와 언니의 공격도 마찬가지라고 생각하기로 마음먹었습니다. 그래서 지금은 자기가 가족들의 화풀이 대상이 되고 있다는 느낌이 들 때마다 '나는 지금 동물원에 와 있고, 어떤 생물체를 관찰하는 중'이라고 생각하면서 감정적인 비난을 피할 수 있게 되었습니다.

우리는 다른 사람들의 행동이 나 때문도 아니고, 나한테만 하는 행동도 아니라는 사실을 알아야 합니다. 내가 그 사람들의 표적이 될 필요가 없다는 것을 믿으세요. 그러기 위해서는 물론 용기가 필요합니다. 하지만 그래야 다른 사람들이 자기들이 끝내지 못한 일을 나한테 떠넘기려고 억지를 부려도 나는 그들이 저질러놓은 행동이나 말에 아무런 책임이 없다는 것을 기억할 수 있습니다. 또 자기 자신의 가슴에 달고 다니던 과녁을 떼어 버리는 법도 배울 수 있습니다.

- 나는 내가 표적이 아니라는 것을 알 만한 힘이 있다.
- 나는 내가 다른 사람의 태도나 상황을 고칠 필요가 없다는 것을 안다.
- 나는 나에게 잘못 겨냥된 분노를 피할 수 있다.

문제 앞에서
좌절감부터 느끼는 나

우리는 대부분 불편하거나 혼란스러운 상황이 닥치면 곧바로 그 상황을 바꿔 버리려고 안간힘을 씁니다. 마치 곤경을 한입에 꿀꺽 삼켜서는 해결책을 칵 하고 뱉어낼 수 있을 것처럼 말입니다. 그러나 그런다고 해서 우리가 느끼는 고통이 조금이라도 덜어지거나 만족스러운 상황으로 바뀌는 일은 없습니다. 실제로 생각 없이 저지르는 성급한 행동은 불만족스러운 결과로 되돌아올 때가 많습니다.

당혹스럽고 속상한 일을 당했을 때 잠깐 멈추고 숨을 깊이 들이쉬어 보세요. 우리가 그 정도 문제쯤은 해결할 수 있을 만큼 현명하고 슬기롭다는 걸 스스로 알아차릴 용기가 필요합니다. 그리고 스스로 해결책을 찾거나, 도움을 줄 만한 누군가를 찾을 수도 있습니다. 차근차근 문제를 따져 보고 해결책을 찾아보는 것은 큰 파이를 먹기 좋은 크기로 잘라서 먹는 것과 같은 것입니다. 보통은 작은 조각이 하나하나 해결되면서 불안감도 조금씩 누그러져서 지레 우려했던 것보다는 전체 퍼즐이 훨씬 더 쉽게 맞춰진다는 걸 알 수 있습니다.

이해하기 어려운 보험약관이나 난해한 소득신고서 앞에서는 누구나 너무 무식한 자신이 불만스러울 때가 있습니다. 그런 잡다한 일들은 작은 조각으로 나누어 차근차근 해결해 가지 않으면, 시작도 하기 전에 좌절감부터 느끼게 됩니다. 하지만 나에게 그 문제를 해결할 만한 능력이 있다는 걸 인정하고, 문제를 작은 조각으로 나누어 보면 엄두도 나지 않던 문제라도 쉽게 해결해 낼 수 있습니다.

문제에 스스로 압도당하지 않도록 주의한다면, 문제 해결에 필요한 단서나 실마리는 반드시 찾아지기 때문이지요. 우리가 기억해 두었다가 써먹으면 좋을 구호 세 가지가 있습니다. 첫째는 '잠깐 멈춤'이고, 둘째는 '공황상태에 빠지지 않기', 셋째는 '이것은 응급상황이 아니다'입니다. 제가 그랬듯이 여러분도 한입 크기밖에 안 되는 작은 조각들을 소화하지 못할 일은 결코 없을 것입니다.

- 나에게는 지혜가 있다.
- 나는 한 번에 한 가지씩, 일을 작은 단위로 나누어 접근한다.
- 나는 문제를 편하고 지혜롭게 해결할 수 있다.

습관적으로
해결사가 되려는 나

여자들은 누구나 습관적으로 구조자의 역할을 자청하는 경향이 있습니다. '불편함'이라는 첫 신호가 떨어지자마자, 마치 모든 사람을 구하는 것이 자기 임무라도 되는 것처럼 곧바로 해결사로 변신해서 구조에 나서지요. 하지만 이제 더는 그러지 않아도 됩니다.

제가 호스피스 미팅에서 '구제 모드'에 갇히는 것이 얼마나 힘든지에 관한 강연을 하고 있을 때, 한 여성 자원봉사자가 지친 얼굴로 제게 말했습니다. "저도 동의합니다만, 남편은 손 하나 꼼짝하지 않으려고 하는데 어떻게 하죠?" 그녀는 남편과의 관계에서 자신을 '문제 해결사'로 인식하고 있었는데, 남편도 고집스럽게 그 역할구도를 바꾸려고 하지 않았던 것입니다. "당신이 앞으로도 계속해서 남편을 구해 줘야 한다고 믿나요?" 하고 제가 묻자 그녀는 주저하며 말했습니다. "아니요. 하지만 그게……." 그녀도 그 상황이 불만족스러웠지만, 실제로는 그 일이 자기 일이려니 하고 믿어왔던 것입니다. 그 믿음을 포기하지 않는다면, 그녀는 결코 그 역할에서 빠져나올 수 없을 것입니다.

현실에서는 그 누구도 다른 사람을 구조해 줄 수 없습니다. 우리는 모두 자기 인생을 스스로 개척해야 합니다. 하지만 '해결사 되기' 습관은 깨기가 무척 어려울 뿐 아니라 너무 많은 헌신이 필요합니다. 사회가 '여자들은 곧 구조자'라는 신화를 설정해 놓았지만, 그것은 정말 터무니없는 생각이라는 것을 상기해야 합니다. 여자들이 자기가 직접 나서야 한다는 강박에서 벗어날 용기를 갖는다면 시간이 가면 갈수록 내가 꼭 나서지 않아도 괜찮다는 것을 믿게 될 것입니다.

- 나는 오직 나 자신만을 구조할 수 있다는 것을 안다.
- 나는 내 인생을 어떻게 살아야 하는지는 내가 가장 잘 안다고 믿는다.

받지도 못하면서
퍼주기만 하는 나

우리의 시간과 에너지를 빼앗아가는 수많은 요구들 때문에 탈진할 지경이 될 때가 있습니다. 받는 것보다 더 많이 내주다 보면 우리 안의 균형이 깨져 버립니다. 여자들은 은연중에 베푸는 사람들이 되도록 길러지기 때문에 받는 것은 이기적이라고 생각하기 쉽습니다. 그래서 합리적이고 건강한 상태를 유지할 수 있을 만큼만 나눠 줘야 한다는 걸 깨닫는 데 엄청난 용기가 필요합니다.

만약 여러분의 인생이 예금통장이라면, 하루에 몇 번이나 육체, 감정, 정신, 영혼에 입금하고 출금하나요? 누구에게나 '인생'이라는 계좌가 있지만, 보통은 너무 자주 출금하거나 남들이 내 인생계좌에서 돈을 마음대로 빼 가게 내버려 두는 경향이 있습니다.

인생의 평안함과 균형감을 유지하려면 입금은 '자유롭게' 하되 출금은 '지혜롭게' 해야 합니다. 육체적, 감정적, 심리적, 정신적으로 과도하게 인출하다가는 이성을 잃을 수도 있습니다. 짜증과 화를 내다가 결국 탈진해 버리는 것이지요. 하지만 우리가 현실적인 한계를 정해 두고 계좌를 채운다면, 남들에게 나눠 줄 수 있는 것이 훨씬 더 많아집니다. 쉬운 일은 아니겠지만, 자기 자신을 돌보는 것은 우리가 마땅히 추구하고 누려야 할 삶을 만들어가는 데 꼭 필요한 투자입니다.

- 나는 현실적인 한계를 설정해서 내 '인생 계좌'에 입금한다.
- 나는 주고 싶은 것과 주고 싶지 않은 것을

  스스로 결정할 용기가 있다.
- 나는 인생의 평안함과 균형을 누리는 축복을 받았다.

부담스러운 약속도
덜컥 해 버리는 나

"네."라는 말은 아주 짧은 한마디에 지나지 않지만 이 말을 너무 쉽게 쓰다 보면 인생이 꼬일 만큼 골치 아픈 문제가 생길 수도 있습니다. 보통은 다른 사람의 요구를 거절했을 때 죄책감이 들기 때문에 "안 돼."라고 말하기가 무척 어렵지요. 그들의 요구가 불합리하다고 생각하면서도 남들의 기대에 맞춰 주고 싶은 마음이 들어서 그런 겁니다.

여러분은 가볍게 들어 주기에는 부담스러운 부탁을 덜컥 들어주기로 해 놓고 "내가 왜 그걸 해 주겠다고 했지? 사실은 정말 하고 싶지 않았는데." 하면서 자주 후회하지 않나요?

"네." 하고 대답하게 되는 가장 큰 이유는 자신의 한계를 존중하고

있지 않았기 때문입니다. 그런데도 대부분은 한참 지난 뒤에야 그 사실을 깨닫곤 하지요. 스스로 한계를 자각하고 내면에서 보내는 위험 신호를 감지했다면, 반드시 내면의 지혜를 존중하면서 "안 돼!"라고 말할 수 있어야 합니다.

여러분의 인생을 복잡하게 만드는 것은 거절하고, 단순하게 만드는 것은 들어주는 것입니다. 생각이 복잡해지면 정신도 산만해지고 지치지만, 단순하게 생각하면 에너지도 충전되어 해야 할 일에 더 잘 집중할 수 있습니다.

삶을 단순화할 수 있는 방법을 목록으로 만들어 봐도 좋습니다. 어떤 일은 다른 사람에게 맡기고, 어떤 일은 아예 포기하고, 또 어떤 일은 단순하게 바꿔서 해야겠다는 생각으로 자신의 한계를 넘기지 않고도 편안해질 수 있는 방법들을 찾아서 적어 보세요. 눈을 감고 좀 더 단순하게 생활하는 여러분을 그려 보세요. 불필요한 약속은 스케줄에서 지워 버리고, 혼자만의 시간이나 우정, 로맨스 같은 영양가 있는 생각들만 떠올려 보세요. 우리는 단순하면서도 아름다운 삶을 누릴 자격이 있습니다.

- 나는 나의 한계를 알고 그것을 존중한다.
- 나는 내 삶을 단순하게 유지하는 것을 나 자신에게 허락한다.
- 나는 여러 가지 영양가 있는 일을 할 수 있는 나만의 시간을 만든다.

거절하기를
힘들어하는 나

그렇다면 도대체 무엇이 속으로는 안 된다고 생각하면서도 입으로는 "네."라고 대답하게 만드는 것일까요? 대개는 특별한 이유도 없이 막연히 그래야만 할 것 같아서 그런다고 합니다. 그 사람들의 속마음을 들여다보면, 남들의 요구를 거절하면 자기를 나쁘게 생각하지는 않을까 하는 두려움이 있습니다.

비키는 눈물을 글썽이며 이렇게 한탄했습니다. "저는 남편 잭이 제 밑에서 일하겠다고 했을 때 문제가 생기리란 걸 예상했어요. 전 그와 일하는 게 정말 싫어요! 그때 왜 제가 안 된다고 거절하지 못했을까요?" 비키는 다른 사람의 요구를 거절하면 죄책감을 느끼도록 배워 왔습니다. 실제로 이런 일은 그녀한테만 해당되는 문제가 아닙니다.

대부분의 여자들이 스스로 옳다고 생각하는 일이라도 다른 사람들과 생각이 다르면 자기 의견을 철회하도록 세뇌당해 왔습니다. 그래서 거절했다가 남들이 실망할까 봐 두려워하는 것이지요.

하지만 스스로 "안 돼."라고 말할 자격이 있다는 걸 진심으로 깨달은 상태에서 거절의 말을 했을 때, 상대는 의외로 순순하게 알겠다고 대답하는 경우를 종종 볼 수 있습니다. 내가 남들의 부탁을 거절해도 그들이 그것을 인정하고 존중해 줄 것이라고 믿으면, 실제로도 거절하겠다는 내 의사를 그들이 존중하고 받아들입니다. 나에게 거절할 자격이 있다고 확신하는 에너지가 그들에게 전달되고 받아들여지기 때문이지요.

우리는 자신을 존중하고, 자기 자신에게 관심을 갖고, 내면의 작은 목소리가 "안 돼." 하고 말하고 싶어 할 때 귀를 기울여야 합니다. 다시 한 번 말하지만, 나 자신에 관해서는 내가 가장 훌륭한 전문가입니다! 우리는 우리를 지치게 만드는 "해야만 한다"는 말을 "할 수 있다", "하고 싶다", "선택한다", "할 것이다"와 같은 긍정적인 말로 바꾸어 쓸 수 있습니다.

- 나는 죄책감 없이 "안 돼."라고 말할 자격이 있다.
- 나는 죄책감 없이 "안 돼."라고 말할 용기가 있다.
- 나는 내게 올바른 것이 무엇인지 알고 관심을 기울인다.

남 시중만 들면서
사는 나

어떤 여자들은 아직까지도 아내이자 엄마이자 여자로서 가족을 위해 헌신적으로 일하는 하녀 역할을 하는 것이 옳다고 여기는 고리타분하고 무의식적인 믿음을 가지고 있습니다.

민디는 올해 크리스마스 때 찍은 가족사진을 보면서 자기 안에 숨겨져 있던 믿음과 마주하게 되었습니다. 사진 속에서 아이들은 저마다 좋아하는 스포츠 유니폼이나 연극의상을, 남편은 조깅복을 입고 있었는데 자기는 하녀 복장을 하고 있었습니다. 처음에는 재미삼아 한 거라고 단순하게 생각했지만, 사진을 다시 보면서 자기가 왜 하필 하녀 차림을 골랐는지 궁금해졌습니다. 결국 그녀는 이제껏 스스로 하녀라고 생각하고 있었고 그 생각에 대한 반감도 무척 컸다는 사실도 알게 되었습니다.

그녀는 그동안 아무 거부감 없이 해오던 자기 역할을 새삼스럽게 깨닫고 나서 인생의 새로운 전환점을 맞이할 수 있었습니다. 자기 안에 있던 무수리를 은퇴시키기로 마음먹은 것입니다. 그리고 자신이 자유로운 인격이 될 수 있다는 사실을 받아들이기로 했습니다. 그 믿음이 확고해질수록, 남들에게 무엇을 얼마나 해 줄 것인지에 대해서도 명확한 한계를 정할 수 있었고, 그 한계를 지키게 되면서부터 사회생활에도 적극적으로 뛰어들 수 있게 되었습니다. 쉽지 않은 일이었지만 하녀 역할을 포기하고 자기 인생을 찾게 되면서부터 그녀는 더 다정하고 더 베푸는 사람이 되었고, 그것이야말로 자신과 가족들에게 주어진 멋진 보너스였습니다.

자신이 '해야 한다'고 느끼는 것 대신 '하고 싶은 것'을 하도록 허락하는 데는 많은 용기가 필요합니다. 무엇을 해야 한다는 중압감을 털어 버리고 살아갈 힘을 모은다면 우리는 더 다정해지고, 남에게 베푸는 것이 억울하다는 느낌도 갖지 않게 될 것입니다. 우리는 자신의 한계를 정해서 자기 인생을 살아갈 자격이 있습니다.

- 나는 내 한계를 설정할 자격과 용기가 있다.
- 합리적인 한계를 설정하면 자신과 가족에게 더 다정해질 수 있다.

남들이 무시해도
말 못 하는 나

어떤 여자들은 자신의 가치를 인정하지 못합니다. 너무나 안타까운 일이지요. 그들의 마음 깊은 곳에는 자신은 성공이나 행복하고는 거리가 멀고, 누군가로부터 지지를 받는 다정한 인간관계를 누릴 가치가 없다고 여기는 믿음이 있습니다.

오래된 격언 중에 "사람들은 남들이 자기를 어떻게 대할지 스스로 가르친다."는 말이 있습니다. 여러분은 주변 사람들에게 자신을 존경하도록 가르칩니까 아니면 무시하도록 가르칩니까? 여러분이 스스로 가치 없다고 믿으면, 다른 사람들도 여러분을 가치 없다고 여기고 그렇게 취급합니다. 반대로 스스로 대접받을 만하다고 믿는 사람은 그보다 못한 대우를 받는 걸 용납하지 않습니다. 우리는 모두 가치 있는 사람입니다. 그것을 확실히 깨닫고 남들에게 대우받고 싶은 대로 자기 자신을 대해야 합니다.

여러분은 좋은 대우를 받을 만한 가치가 있는 존재입니다. 눈을 감고 자신에게 또는 남들에게 인정받고 스스로 가치 있는 존재라고 여겼던 기억을 떠올려 보세요. 실제 경험이 떠오르지 않으면 만들어 내도 좋습니다. 존경과 대우를 받았던 멋진 느낌을 그대로 받아들이세요. 여러분이 훌륭한 대우를 받을 자격이 있는 사람이라는 것을 굳게 믿어 보세요. 그런 믿음이 여러분의 세포 하나하나에까지 깊이 스며들게 해서 그 기분을 즐겨 보세요.

그런 다음 그 좋은 기분을 여러분의 내면에 담아 두고, 나쁜 대우를 받았던 때를 떠올려 보세요. 스스로 좋은 대우를 받을 만한 자격이 있다고 믿으면서 불편한 기억을 좋은 대우를 받는 상황으로 바꿔 보고, 여러분이 받아들일 수 있을 만큼 귀한 대우를 해 달라고 주장해 보세요. 이렇게 하는 과정에서 사람들이 여러분을 제대로 대우하지 않는다면 거기서 멈추고 그 상황에서 빠져 나오세요. 우리는 모두 좋은 대우를 받을 만한 자격이 있습니다.

- 나는 제대로 대우 받을 자격이 있다.
- 나는 나에게 합당하게 대우했을 때에만 그 대우를 받아들인다.
- 나는 사람들에게 나를 제대로 대우하는 방법을 가르칠 용기가 있다.

2
사랑받고 싶다고 말해

이기심과 불평이 정신을 유혹하고 흐리게 하는 것처럼,
사랑도 그렇게 기쁨으로 시야를 맑고 선명하게 한다.
헬렌 켈러

사랑에는 늘 위험이 따르기 때문에 우리가 마음을 여는 데 사랑만큼 많은 용기가 필요한 것도 없습니다. 사랑한다는 것은 무엇일까요? 상대방을 위해 육체적, 감정적, 심리적, 정신적으로 시간과 마음을 내어 주는 것이 바로 사랑입니다. 그런데 우리는 사랑하는 데 반드시 동반되는 고통에 대해서는 너무 취약합니다. 게다가 사랑이라는 가면을 뒤집어쓴 성폭력이나 감정적 방임처럼 흉측한 상처를 받았던 경험이 있는 사람이라면 특히 더 사랑을 경계하게 됩니다.

여자들이 가장 용기를 잘 내는 부분이 바로 남을 사랑하고 함께 나누고 돌보는 일입니다. 그런데 반대로 자기 자신을 사랑하고, 다른 사람도 자신을 사랑하도록 허락하는 것에는 제대로 용기를 발휘하지 못합니다. 사랑스러운 느낌은 그냥 만들어지는 것이 아닙니다. 그것은 스스로 사랑받을 만하다고 느끼는 내면의 치유된 아이로부터 우러나오는 것이기 때문입니다. 이제부터는 우리 안에 감춰져 있는 상처받은 내면의 어린 여자아이를 어떻게 돌볼지에 대해 이야기하려고 합니다. 듣고 나면, 지금보다는 더 건강하게 사랑을 받아들일 수 있게 될 것입니다.

만약 여러분이 자신의 내면을 되돌아보고 과거의 아픔을 치유할 용기를 갖게 된다면(대개 아주 고통스러운 과정이겠지만), 나와 남을 진정으로 사랑하는 방법을 찾게 될 것입니다. 우리는 누구나 사랑하고 사랑받는 기쁨을 누릴 권리와 의무가 있습니다.

상처 받은 아이로
살고 있는 나

여자들의 내면에는 여러 역할을 하는 인격들이 있는데, 그 중 적어도 한 명은 수줍어하고 두려움에 떨며 아파하는 '상처받은 소녀'입니다. 그 소녀는 스스로 용기가 있다는 생각은 하지 못합니다. 소녀에게는 삶 자체가 공포입니다. 하지만 조심스럽게 내면의 소녀에게 친구가 되어 주고 이 세상에서 보호받고 있다는 느낌을 전해 줄 수 있다면, 그 소녀는 이전보다 훨씬 더 용감해지고 감정적으로도 자유로워질 것입니다. 치유된 내면의 소녀가, 사랑할 수 있고 사랑받을 수 있는 어른으로 자라기 때문입니다.

내면의 아이를 인정하고, 곰 인형 같이 위로가 되는 선물을 하는 것도 좋습니다. 리라에게는 한 손에 쏙 들어오는 작고 부드러운 곰 인형이 있었습니다. 그녀는 이따금 스트레스를 받은 날에는 곰 인형을 안고 잤습니다. 겉으로는 지혜롭고 성숙한 모습을 보여왔던 그녀였기에 처음에는 그런 자신을 인정하기가 부끄러웠습니다. 그런데 자기 내면의 소녀에게 필요한 것을 채워 주고 나서 그 곰 인형이 '엄마'를 대신했던 것이라는 걸 깨닫게 되었습니다. 어머니가 돌아가시기 전까지 그 곰 인형이 병상에 놓여 있었기 때문입니다.

이제 눈을 감고, 편안하고 안전하고 아름다운 환경을 잠깐 떠올려 보세요. 여러분의 내면에 있는 어린 소녀도 불러 보세요. 그 소녀는 어릴 때 찍었던 사진 속 모습일 수도 있고, 여러분을 상징하는 어떤 다른 것일 수도 있습니다. 그냥 그녀의 존재를 느끼기만 해도 됩니다. 무엇이 보이든 다 괜찮습니다. 처음에는 소녀가 여러분을 신뢰하지 않을지도 모릅니다. 하지만 다정하게 천천히 소녀를 알아가는 시간을 가져 보세요. 말도 건네고, 함께 앉아서 이야기도 들어주고 안아 줘 보세요. 여러분의 따뜻한 사랑, 수용, 관심으로 그 소녀의 상처가 치유될 것입니다.

- 나는 내 내면의 아이를 사랑스럽게 바라볼 용기가 있다.
- 내 내면의 아이는 나 자신과 다른 사람들에게 받아들여진다.
- 나는 내 내면의 아이를 무조건 사랑하고 받아들인다.

사랑받을 자신이 없는 나

우리가 마땅히 사랑받을 자격이 있다고 스스로 믿기 전까지는 아무에게서도 건강한 사랑을 이끌어 내지 못할 것입니다. 어쩌면 어릴 때 남들에게 받았던 비난이나 핀잔, 부당한 대우 때문에 스스로를 가치 없는 존재라고 여기게 되었을지도 모릅니다. 아이들은 일곱 살이 될 때까지는 자기한테나 주변에서 일어나는 일들이 모두 자기 때문이라고 여긴다고 합니다. 어른이 되고 나서야 어린 시절의 자신이 사랑스럽지 않았던 건 아니라고 이성적으로 깨닫게 됩니다. 또한 부모님과 다른 어른들도 상처와 한계가 있었지만 자신의 형편에 맞춰 나름대로 최선을 다했다는 것을 알게 됩니다. 따라서 우리 자신이 충분히 사랑스럽다는 것을 우리의 생각과 마음으로 분명하게 알고 있어

야 합니다.

앨리스는 친구들과 가족들에게 사랑받고 지내면서도 그들이 자기 곁을 떠날지도 모른다고 생각해 왔습니다. 그러던 어느 날, 자기가 어렸을 때 별것도 아닌 일로 벌을 받았던 기억이 떠올랐습니다. 수녀님 한 분이 "나 앨리스는 나쁜 소녀입니다."라고 써서 공책을 채우게 했던 기억이 생생하게 떠오르면서, 그동안 왜 그렇게 사람들이 자기에게서 떠날지도 모른다는 불안감을 느껴왔는지를 깨달았습니다. 그녀는 일생 동안 자신을 괴롭혀 왔던 "나쁘다"는 딱지를 떼기 위해 인자한 어머니의 모습을 떠올리며 "나쁘다"는 문장을 머릿속에서 지웠습니다. 그런 다음, 내면의 소녀에게 "나, 앨리스는 착한 소녀입니다."로 바꾸어 쓰도록 격려해 주었습니다.

우리는 스스로 사랑받을 만하다고 생각하기가 가장 어렵기 때문에 그 생각을 바꾸는 데는 많은 용기가 필요합니다. 어쩌다 "나는 사랑받을 자격이 없나 봐." 하는 생각이 들면 곧바로 내면의 아이에게 무엇이든 받아 주고 다독여 주는 다정하고 이상적인 엄마가 되어 주어야 합니다. 여러분은 자신에게 다정한 엄마와 아빠가 되어 줄 수 있습니다.

- 나는 사랑스럽다.
- 나는 사랑받을 자격이 있다.

다툼에 휘말리곤 하는 나

우리가 부딪히는 수많은 논쟁, 의견의 불일치, 그리고 또 다른 성격의 고통들은 실제로 우리들의 내면에 있는 상처받은 아이들 사이에서 일어나는 다툼이지 현재의 어른들 사이의 문제가 아닙니다. 언젠가 한 세미나에서 내면의 아이에 대한 개념을 설명했더니 한 여자분이 크게 소리쳤습니다. "와, 방금 당신이 제 결혼생활을 지켜 주셨어요! 저는 남편의 전부가 아니라 남편의 내면에 있는 소년이 싫고 두려웠던 거였어요!"

흔히 아이들이 말도 안 되는 행동을 하면 '타임아웃'을 정해서 스스로 감정을 밖으로 뿜어낼 수 있도록 시간을 주지요. 이 방법은 어른들에게도 쓸모가 있습니다. 하루는 매리베스가 "남편이 저더러 바보 같다고 말할 때마다 엄청나게 상처 받아요." 하고 말했습니다. 하지만 그녀는 상처받을 필요도 없었고, 당연히 상처 받지도 말아야 했지요. 그래서 저는 그녀에게 남편이 비난할 때마다 남편의 내면에 있는 아이가 화를 내고 있다는 걸 알아차리고 화가 가라앉을 때까지 기다려 주고, 다시 어른으로 돌아와 대화를 나눌 수 있을 때까지 그 방을 떠나 있는 것이 좋겠다고 조언해 주었습니다. 그녀가 계속 그 방에 머물러 있는 것은, 남편의 내면에 있는 화난 소년이 막무가내로 화풀이하는 걸 고스란히 받아 주겠다는 뜻이나 마찬가지이기 때문입니다. 미적거리면서 계속 자리를 지키고 있다가는 그녀의 내면에 있는 소녀까지도 그 상황에 말려들어서 주체할 수 없는 상황으로 치닫게 될 수도 있습니다.

여러분이 만약 누군가와 유치하고 파괴적인 다툼에 휘말리게 되었다면, 얼른 그 자리를 떠나 다른 곳으로 가서 분을 가라앉힌 다음 다시 어른이 되어 제자리로 돌아오는 것이 현명합니다. 상처받은 내면의 아이들 사이에서 일어나는 갈등은 서로를 이해하고 좋은 관계가 되는 데 아무런 도움도 되지 않습니다.

- 나는 내 내면에 있는 아이를 사랑하고 존중한다.
- 나는 내 내면에 있는 아이를 안전하게 보호한다.
- 나는 내 감정을 긍정적이고 다정하게 분출한다.

위로해 달라고
말하지 못하는 나

나이 들어 어엿한 성인이 되었다고 해도 누구에게나 어린아이처럼 보살핌이 필요할 때가 있습니다. 저 역시 어머니가 돌아가시고 얼마 지나지 않아 첫 번째 책을 출간하게 되었는데, 생각지도 못했던 여러 가지 문제까지 터져서 좌절을 겪게 되었습니다. 마감 날이 되어 출판사에 전화하다가 저는 그만 소스라치게 놀라고 말았습니다. 제가 어머니의 전화번호를 누르고 있었던 것입니다. 덜덜 떨면서 하염없이 눈물을 쏟아내던 저는 제 내면의 아이가 절망하고 있다는 걸 알게 되었습니다. 그래서 남편에게 "나 좀 안아 줄래요?" 하고 말했습니다. 남편이 저를 안아 주었을 때에야 제 내면의 소녀는 속이 후련해질 만큼 좌절과 비탄의 눈물을 쏟아낸 뒤 차차 마음의 안정을 되찾을 수 있었습니다.

내면의 아이가 손을 뻗어 위로해 주길 바랄 때는 다정하게 응답해 줄 사람을 찾아야 합니다. 누군가의 도움이 필요한 것은 어른이 된 내가 아니라, 나의 내면에 있는 아이라는 것을 분명히 깨달아야 합니다. 제 남편의 입장에서도 미치광이 같은 어른을 위로하는 것보다는 어린아이를 안아 주고 위로하는 것이 훨씬 더 쉬웠을 겁니다.

어른들은 어린 아이를 보살피는 방법을 잘 알고 있기 때문에 어른의 감정을 대할 때보다는 부담이 덜합니다. 우리가 지금 어른의 몸으로 살고 있다고 해서 어린아이의 감정을 완전히 잊고 사는 것은 아니기 때문에 지금 나를 보살펴 줄 누군가를 찾을 용기를 낸다면, 내 감정을 좀 더 빠르고 효과적으로 통제할 수 있습니다.

- 나는 나의 내면에 있는 아이가 위로받으려고 손을 내민다는 것을 안다.
- 나는 위로와 안정을 원하는 나 자신을 허락한다.
- 나는 애정에 굶주린 나의 내면의 아이를 사랑한다.

도대체
쉴 줄 모르는 나

우리 마음속에는 신비롭고 환상적인 안식처가 필요합니다. 그곳은 우리가 휴식하면서 재충전할 수 있는 평안한 공간이기 때문입니다. 그 안식처에서는 누구나 보호받을 수 있고, 지혜롭고 다정한 조언자와 이야기 나누며 위로 받을 수 있습니다. 무엇을 어떻게 해야 할지 몰라 갈팡질팡하게 될 때에는 이런 안식처를 만들어 용기를 내고 힘을 모아 일상생활을 가꾸어가는 것이 좋습니다. 우리 내면에 있는 그 정원은 우리가 찾을 수 있는 가장 효과적인 위로처가 될 것입니다.

눈을 감고 아름다운 곳에 있는 여러분을 그려 보세요. 진심으로 좋아하는 누군가가 따스한 팔로 여러분을 감싸 안고 있다고 느껴 보세요. 당장 떠오르는 사람이 없다면 그런 사람을 만들어 내면 됩니다.

그리고 자신을 그 사람의 품 안에서 모든 위협으로부터 보호받고 있는, 가치 있고 소중한 아이라고 생각하면서 평안함을 느껴 보세요. 그 느낌을 마음속에 온종일 품고 다니세요.

우리 마음속에 안식처를 만들어 놓으면, 그곳의 아름다움과 평화를 기억하는 것만으로도 다시 그곳으로 돌아갈 수 있습니다. 하루하루 생활하면서 마음의 평화나 우리 자신을 안심시킬 필요가 있을 때 잠깐잠깐 그 안식처를 찾는다면, 우리 내면에 있는 보호자의 안전한 품속에서 스스로 다시 충전할 수 있습니다.

- 나는 사랑과 보호를 받고 있다.
- 나는 세상으로부터 안전하다.
- 나는 나의 지혜로운 상상력을 이용하여 나를 위한 안식처를 만든다.

나 자신을
돌보지 않는 나

우리는 우리의 안녕을 위해서라도 나눔을 실천해야 한다는 걸 잘 알고 있습니다. 실제로 인간의 면역체계는 남을 도울 때 긍정적으로 반응하고, 남을 돕는 영화만 봐도 저절로 작동된다는 것이 과학적으로도 입증되었습니다.

하지만 나의 에너지가 너무 고갈되어 버렸거나 누군가에게 이용당하는 느낌이 들고 박탈감이 느껴질 때까지 남을 돕는 것은 오히려 건강에 좋지 않습니다. 이런 나눔에는 적개심이나 분노감, 화기 담겨서 "당신은 이제 나한테 빚진 거야!" 하는 무언의 메시지를 보낼 수도 있기 때문입니다. 그쯤 되면 '나눔'은 사랑을 나누는 것이 아니라, 물물교환이 되고 맙니다. 진정한 사랑은 넘치는 느낌으로 해야 합니다.

자기 자신을 먼저 돌볼 용기를 가져야 그 에너지가 밖으로 흘러넘치고, 그럴 때 베푸는 사랑과 애정은 특별한 보답을 바라지 않는 진정한 나눔이 됩니다.

이성적으로 보면 나의 욕구를 먼저 채우는 것이 이기적인 행동일 수 있습니다. 사회적으로도 여자들에게 유독 나누는 것이 축복이라

고 여기도록 강요하는 분위기가 있습니다. 사정이 그렇다 보니 나를 먼저 채우는 것이 본질적으로 중요하다는 것과 어떻게 해야 자기 자신을 먼저 채울 수 있는지를 이해하려면 용기가 필요합니다. 자신을 보살피는 게 습관이 되어 있지 않은 사람이라면 더욱 그렇습니다.

자신을 먼저 채우는 건강한 습관을 들이려면 다음과 같은 질문과 대답이 도움이 됩니다. '나를 재충전해 주고 자유롭게 사랑할 수 있게 해 주는 것은 무엇인가?', '오늘 나를 충전하기 위해 기꺼이 시간을 낼 만한 작은 걸음에는 무엇이 있을까?'

내 삶의 꽃병을 먼저 채울 용기를 내면, 나와 내가 사랑하는 사람들에게 호의를 베풀 수 있습니다. 그러려면 반드시 나를 먼저 채우겠다고 스스로 약속해야 합니다.

- 나는 내 삶의 꽃병에 넘치도록 물을 채운다.
- 나는 넘치는 느낌으로 자유롭게 남을 사랑한다.
- 나의 꽃병을 채우는 것은 자신을 향한 사랑의 표현이다.

나를 위하는 일은
어색한 나

여자들은 보통 자기만의 시간을 갖는 것을 낯설어합니다. 하지만 자기만의 시간은 누구에게나 꼭 필요합니다. 버나는 쉰아홉 살이 되었을 때 자신의 청소년기를 되찾고 싶어졌습니다. 버나는 구세대 독일인 가정의 맏딸로 태어나 어머니의 도우미 겸 집안의 하녀 역할을 감당하며 살아왔습니다. 결혼 뒤에도 여섯 명의 아이를 낳고 기르며, 병간호니 이사 같은 집안의 모든 대소사를 책임지는 가정주부로서 언제나 그녀 자신은 뒷전이었지요. 자신이 먼저라는 생각을 하지 않고 살아왔던 오랜 습관 때문에 일흔여덟 살이 된 지금까지도 그녀의 삶은 별반 달라진 것이 없었습니다.

실제로 많은 여자들의 삶이 버나와 크게 다르지는 않을 것입니다.

멋진 삶을 살고 싶고 자신을 먼저 돌보고 싶지만, 무엇을 어떻게 해야 할지 잘 모르지요. 만약 여러분도 그렇다면, 무엇이 나를 채워 주고 돌봐 주고 치유해 주는지, 또 무엇이 나에게 기쁨을 주는지를 생각해 보고 목록으로 만들어 보세요. 내가 기록한 사람들과 활동, 장소, 태도 같은 것들이 내 삶에서 실제로 얼마나 중요한지를 눈으로 확인해야 합니다.

조용히 앉아 눈을 감아 보세요. 조심스럽게 마음의 눈으로 나 자신과 내 인생을 상징하는 꽃병 사진을 떠올려 보세요. 보이는 꽃병이 마음에 들지 않으면, 마음에 들 때까지 바꾸시면 됩니다. 그런 다음 나를 충만하게 해 주는 것들의 목록을 그 꽃병에다 부어 넣어 보세요. 좋은 것들인데도 꽃병에 부어지지 않는다면, 그것이 왜 가치 없게 느껴지는지 그 이유를 써 보세요. 그리고 조심조심 '나는 내가 갖고 싶어 하는 것을 가질 자격이 있다.'고 스스로를 안심시키세요. 그리고 기억하세요! 내가 먼저 충분히 채워졌을 때 남들을 가장 잘 사랑할 수 있습니다.

- 나는 마음을 열어 좋은 것은 무엇이든 받아들인다.
- 내 마음이 충만하게 채워졌을 때,
  나도 다른 사람들을 조건 없이 사랑할 수 있다.

신세 지는 게
죽기보다 싫은 나

로라라는 젊고 아름답고 용감했던 여인이 최근에 세상을 떠났습니다. 그녀가 너무 아파서 자기 가게에 못 나오는 날이 많아지자 세상을 떠나기 몇 달 전부터는 같은 교회에 다니는 자매들이 번갈아 가며 가게 일을 도와주었습니다. 그 몇 달 동안 로라는 이제껏 살아온 자신의 인생이 정말 행복했고, 무엇보다도 꿈꾸어 왔던 가게를 가질 수 있었다는 것이 가장 만족스러웠습니다. 로라의 친구들은 그녀를 도움으로써 꿈을 이룬다는 것이 인생에서 얼마나 귀한 선물인지 알게 되었고, 그녀 역시 친구들에게 자신을 도울 기회를 주어 스스로 가치 있는 존재라는 기분을 선물할 수 있었습니다.

물론 대부분의 여자들에게는 편치 않은 일이겠지만, 남들이 나를 걱정하고 돌보게 내버려 두는 것이 나의 건강에 오히려 좋을 때도 있습니다. 여자들의 삶은 보통 남들을 보살피는 데에만 지나치게 초점이 맞춰져 있습니다. 늘 바쁘게 뛰어다니면서도 자기가 쓸모 있는 사람이 되어야 한다는 부담까지 가지다 보니, '나누는 것과 받는 것'의 균형을 유지하는 일이 얼마나 중요한지를 잊을 때가 많습니다.

슬프거나 혼란스럽고 우울하거나 아플 때에는 두려운 마음이 들더라도 남들에게 손을 뻗어 필요한 것을 요구하고 도움을 구해야 합니다. 실제로 그것은 나를 소중하게 생각하는 사람들에게 나를 도울 수 있는 기회를 선물하는 것이며, 나 역시도 도움이 절실할 때 도움을 받을 수 있습니다. 남에게 조금도 피해나 부담을 주지 않고 모든 걸 다 나 혼자서 감당하려는 고집만 버린다면, 우리는 훨씬 더 수월하게 감정을 다스릴 수 있습니다. 우리는 남들에게 도움을 받을 자격이 있습니다.

- 나는 남들이 나를 도와줄 수 있게 기회를 준다.
- 나는 사랑과 도움을 받을 자격이 있다.
- 나는 도움과 감정적 지원을 요구할 용기가 있다.

미운 사람을 끝까지
용서할 수 없는 나

살아가면서 누구나 용서해야 할 사람들이 있습니다. 그를 위해서가 아니라 나 자신을 위해서 용서해야 합니다. 이 세상에 상처 받지 않고 사는 사람은 아무도 없습니다. 살다 보면 누구나 어떤 식으로든 상처를 받지요. 하지만 억울한 감정을 너무 오래 품고 있으면 좋은 감정이나 사랑의 감정이 흘러가는 걸 막아 버리기 때문에 오히려 안 좋은 영향을 받게 됩니다.

용서란 본래 "나쁜 의도 때문에 당한 일에 대해 좋은 태도로 되돌리는 것"을 의미합니다. 파멜라는 남편이 그녀의 가장 친한 친구 때문에 자기 곁을 떠났을 때, 용서가 얼마나 중요한지 깨달았습니다. 물론 한동안은 남편과 친구, 두 사람 모두에게 느낀 배신감과 증오심 때문에 괴로워했지요. 하지만 비통해하며 끔찍한 고통에 시달리는 건 자기뿐이었고, 남편이나 친구에게는 아무런 영향도 끼치지 못했습니다.

결국 그녀는 두 사람을 용서하자고 마음먹고 용기를 냈습니다. 자기도 결혼 생활의 파탄에 책임이 있다는 걸 인정하고 그런 자신을 용서한 다음, 남편과 친구를 용서하고 나서야 비로소 그녀는 온전히 자유로워질 수 있었습니다. 그때까지 아이들과 가족, 친구들이 변함없이 사랑과 지지를 보내 주었는데도 그녀의 눈을 가리고 있었던 것은, 그녀가 여전히 곱씹고 있던 아픔과 두 사람을 용서하지 못했던 그녀의 마음이었습니다. 다행히 용서하기로 마음먹은 뒤부터 비로소 그녀는 치유를 경험할 수 있었습니다.

나 자신과 나를 괴롭혔던 사람을 용서하지 못하면 삶의 아름다움을 보는 능력이 흐려져서 결국은 내 마음의 평화가 무너지고 맙니다. 다른 사람에게 이용당했다고 해서 그 아픔과 좌절감, 억울함을 계속 안고 살아간다면, 하와이에서 여러 겹의 외투를 껴입고 사는 것처럼 덥고 무겁고 거추장스러울 뿐입니다. 용서는 사람의 감정을 가볍게 해 주기 때문에 우리가 시원한 바람을 즐길 수 있게 해 줍니다.

용서는 과정이니 서두르지 말고 한 번에 한 걸음씩 나아가야 합니다. 쉬운 일은 아니지만 용서를 위한 첫 걸음은 아픔을 내려놓기로 결단하고 진심으로 용서하겠다는 의지를 갖는 것입니다. 어쩔 수 없어서 그저 용서하는 흉내만 낸다면, 아무짝에도 쓸데없는 일이 될 것입니다. 겉으로는 좋아 보여도 안은 여전히 곪아 있기 때문이지요. 용서하겠다는 의지만 제대로 작동하기 시작하면, 결국은 누구라도 용서할 수 있습니다.

- 나는 _____를 용서할 의지를 가질 의지가 있습니다.
- 나는 _____를 용서할 의지가 있습니다.
- 나는 _____를 용서합니다.

나 자신을
용서할 수 없는 나

우리는 모두 완벽하게 인간적입니다. 그렇기 때문에 누구나 자기 자신을 용서해야 할 일을 저지르면서 살아갈 수밖에 없습니다. 저와 함께 일하던 미셸이라는 젊은 여자는 캐빈이라는 남자와 오랫동안 파괴적이고 중독성이 강한 불륜 관계를 가져왔습니다. 그런데 그와의 관계를 정리한 뒤에도 점점 더 스스로에게 부정적이 되어 갔습니다. 몇몇 젊은 남자들이 사랑고백을 해왔지만 도무지 새로운 관계를 시작할 용기가 생기지 않았고, 비참한 기분과 혼란스러움, 자괴감 때문에 감정이 마비될 지경이었습니다. 그래서 제가 이렇게 물어보았습니다. "만약 당신이 캐빈과의 관계에 대해 당신 자신을 용서한다면 어떨 것 같아요?" 그러자 그녀는 깜짝 놀란 표정을 짓더니 이내 울음을 터뜨렸습니다. 그 순간까지도 그녀는 케빈을 선택한 자신을 용서할 생각을 한 번도 해 보지 못했던 것입니다.

안타깝게도, 이것은 그녀만의 이야기가 아닙니다. 우리는 남들에게는 꿈에라도 절대 하지 않을 일을 자기 자신에게는 아무렇지도 않게 합니다.

우리는 남을 용서하라는 말을 수없이 들으며 살지요. 그런데 그 말은 오히려 "너 자신이 부끄럽지도 않니?" 하면서 수치심을 자극해서, 자신을 용서하는 것은 금기라는 믿음을 갖게 만듭니다. 하지만 우리는 반드시 자신을 용서해야 합니다. 용서해야 진짜 내 모습을 내보일 용기도 생깁니다.

우리가 스스로를 용서하기 위해 맨 처음 해야 할 일은 나의 어떤 부분을 용서하고 싶은지를 생각해서 목록으로 작성해 보는 것입니다. 한 가지를 골라서 일주일 동안 아래 제시한 문장을 적용해 보세요. 나 자신을 용서해야만 다른 사람을 사랑하는 마음도 열리는 법입니다.

- 나는 친한 친구를 사랑하고 용서하듯 나를 용서하고 사랑한다.
- 나는 전폭적으로 의구심 없이 ______에 대해 나를 용서한다.

마음 열기가
너무 힘든 나

우리는 착한 여자는 늘 손해를 본다고 생각해 왔기 때문에 상처 받을까 봐 두려워서 남들에게 완전히 마음을 열기가 어렵습니다. 과거에 상처받았던 경험이 있다면, 새로 마주치는 모든 상황에 약간의 친절을 보태는 것조차 용기가 필요합니다. 그런데 친절이 보기에도 좋을 뿐만 아니라 대개는 모든 사람들에게 비슷한 반응을 끌어낸다는 점을 기억한다면, 친절이 얼마나 안전한 것인지를 믿기가 더 쉬워질 것입니다.

내가 어떻게 행동할지를 선택하는 것은 언제나 나 자신입니다. 내가 하는 행동과 태도에 약간의 친절함만 보탠다면, 상대방은 물론이고 나 자신까지도 안정감을 얻을 수 있습니다. 미소와 친절한 말 한

마디는 보통 비슷한 반응을 이끌어내고, 누구와 만나더라도 분위기를 밝고 가볍게 만들어 줍니다.

두려움이나 죄책감에서 나온 '친절 연기'와는 달리 사랑이나 자비의 마음에서 우러난 진정한 친절은 우리가 사랑의 존재라는 걸 알려 줍니다. 우리가 깊은 내면에서 우러나오는 사랑을 담아 생각하고 말하고 행동하기로 마음먹으면, 내 가족으로부터 세상으로까지 무한대로 커지는 사랑, 친절, 존중이라는 원을 만들 수 있습니다.

때로는 나 자신에게 남아 있는 용기의 아주 작은 부스러기까지도 끌어 모아야 하겠지만, 일상에 작은 친절을 더한다는 것은 사랑의 태도로 살겠다는 선택을 했다는 뜻입니다. 여자들에게 주어진 가장 큰 소명은 널리 오래도록 사랑을 펼치는 것입니다. 그것을 실현하는 가장 좋은 출발점은 바로 나의 삶입니다.

- 나는 사랑과 친절로 나 자신을 표현한다.
- 나는 친절을 베풀 용기가 있고, 그것을 즐긴다.
- 나는 내가 실제로 어떤 사람인지를, 즉 사랑의 존재임을 알린다.

누군가의 괴롭힘에
시달리고 있는 나

가끔은 다른 사람의 내면에 있는 아이가 우리를 언짢게 대할 때가 있습니다. 그럴 때면 우리도 우리 내면의 아이를 내세워 싸우게 하고는 방어적이 되거나 희생자의 느낌을 가지곤 합니다. 하지만 용기란 힘든 줄 알면서도 옳은 일을 하려는 의지이기 때문에 다른 사람의 내면에 있는 심통 부리는 아이와 마주쳤을 때 다정하게 대하겠다고 마음먹는 것이 바로 용기입니다.

페니의 아들은 어른이 되어서도 자신의 불행을 모두 어머니 탓으로 돌리곤 했습니다. 페니는 아들과 처음으로 깊이 이야기를 나눈 뒤에 만신창이가 되어 버렸습니다. 분노와 절망을 오가며 밤새 잠도 못 자고 입천장이 다 헐어 커다란 구멍이 날 정도였지요. 페니는 그

때 자기 내면의 아이를 위로하기 시작했습니다. 덕분에 내면에 있는 아이는 자기가 했던 좋은 일이나 좋은 말을 떠올려 아들의 신세한탄을 받아 줄 준비를 할 수 있었습니다. 자기가 할 수 있는 최선을 다했다는 확신이 들었을 때, 그녀는 비로소 아들의 내면에 있는 삐뚤어진 소년을 차분하게 대할 수 있었습니다.

다른 사람의 내면에 있는 유치한 감정과 부딪히면 대개 "제발, 철 좀 들어라!" 하고 소리치고 싶어집니다. 그러나 그것은 겉으로 드러나는 행동 뒤에 숨어 있는 내면의 아이가 짜증내는 것이란 걸 알아차려야 합니다. 그래야만 내면의 아이를 보살필 수 있는 역량을 키울 수 있습니다.

다른 사람들이 우리의 보살핌을 받아들이지 않으려 해도, 그들의 반응에 움츠러들거나 죄책감을 느낄 필요가 없습니다. 대신 그들 내면의 아파하는 아이에게 연민을 느낄 수 있습니다. 지금 우리가 마주하고 있는 사람이 분명 어른이지만 마음의 눈으로 보면 겨우 두 살짜리 어린아이에 불과하다는 걸 안다면, 더 쉬워집니다. 힘들어하는 아이의 모습을 떠올려 보면 겁먹지 않고 안심하면서 사랑을 느낄 수 있습니다.

• 나는 다른 사람의 내면에 있는 아이를 사랑하고 보살피고 존중한다.

• 나는 나와 다른 사람의 내면에 있는 아이의 말에 귀를 기울인다.

3
내 마음의 평화는 내가 만든다

장미를 기르는 곳에는 엉겅퀴가 자라지 못한다.
프란시스 하지슨 버넷

간혹 우리들의 일상이 마음의 평화를 얻는 것과는 정반대로 움직이는 것처럼 보일 때가 있습니다. 빡빡한 스케줄에 쫓기다 보면, 중심을 잃고 균형을 잡지 못할 때도 있고요. 때로는 세상이 혼돈 속에 빠진 것 같기도 하고, 약물에 중독된 것 같기도 합니다. 이런 세상에 살면서 "이것은 나와 맞지 않아."라고 말하고 다른 길을 선택할 수 있는 것이 바로 용기입니다.

어떠한 환경에도 굴하지 않고 마음의 평화를 얻으려고 나아가는 것은, 모든 여자들에게 거듭되는 투쟁이라고 할 수 있습니다. 그런데 심리적인 혼란은 으레 있는 일이고, 평온은 낙천주의자들의 비현실적인 꿈이라고 믿는 경우가 많습니다. 하지만, 그것은 사실이 아닙니다. 우리는 마음의 평화를 이룰 수 있고, 평온함도 느낄 수 있습니다. 늘 그런 것은 아니지만 실제로 대부분의 시간 동안 그 두 가지를 다 누릴 수 있습니다. 그러려면 매일 고요한 묵상의 시간을 가져서 우리를 불안하고 초조하게 만드는 사고방식이나 믿음을 '긍정'으로 바꿔야 합니다. 그렇게 할 수 있도록 용기와 힘을 내는 것이 자신에게 주는 선물입니다.

바쁘게만 살고 있는 나

무한경쟁에 내몰리다 보면, 쉽게 경건의 시간을 외면하거나 그보다 더 중요한 일이 있다고 믿기 쉽습니다. 하지만 우리는 경건함 속에서 삶에 필요한 것들을 채우고 재생하며 충전합니다. 정적 속에서만 진정한 에너지의 근원을 우리 내면의 지혜에 연결할 수 있습니다. 작고 고요한 '속삭임'은 쉴 새 없이 떠들어대는 소란스러움에서보다 언어 영역 밖에 있는 '정적'에서 오히려 더 많이 들려옵니다.

육체가 살아가기 위해 물이 필요한 것처럼, 감성적이고 영적인 삶의 풍성함을 위해서는 정적이 필요합니다. 정적이 내 영혼에 얼마나 중요한지를 이해하려면 심한 갈증으로 한 잔의 시원한 물이 간절했던 때를 떠올려 보면 됩니다. 사람의 영혼도 그때와 마찬가지로 정적이 주는 상쾌한 안도감을 갈망합니다.

사회에서는 사색을 좋아하는 내향적인 사람들보다 활동에 집중하는 외향적인 사람들이 더 환영받는 경향이 있어서 매일 하던 일을 멈추고 잠깐이라도 정적이라는 오아시스를 체험하려면, 용기는 물론이고 자기 훈련이 필요합니다. 특히 한두 번 하다 그만두지 말고 인내심을 가지고 꾸준히 해 나가는 것이 중요합니다. 왜냐하면 고요한 가운데 느끼는 고독감을 통해 자기 자신의 소리를 들을 수 있어야만 내면이 안내하는 작은 속삭임이나 충고에 귀를 기울일 수 있기 때문입니다.

우리가 정적이라는 오아시스에 머물러 있을 때에만 내면의 지혜에 깊이 두레박을 내려 목마름을 해소할 수 있습니다.

- 나는 정적에서 평화와 평온을 찾는다.
- 나는 정적의 시간을 갖는다.
- 나는 나의 내면의 지혜를 믿고 귀 기울인다.

후회되는 과거와 걱정되는 미래 사이에서
방황하는 나

우리는 현재를 살고 있나요? 아니면 휴 프래서의 말처럼 "앞으로 다가올 어려움의 예행연습을 하고 있나요?" 사람들은 흔히 미래를 걱정하거나 과거를 후회하는 두 가지 함정에 빠지기 쉽습니다. 하지만 그 둘 중 어느 것도 현재의 우리가 통제할 수는 없습니다.

누군가 나에게 죽을 때까지 날마다 $14.40씩 준다고 가정해 봅시다. 단, 그 날 그 날 그 돈을 다 써야 한다는 조건이 있습니다. 단 한 푼도 이튿날로 이월할 수 없습니다. 그것이 무엇일까요? 바로 날마다 주어지는 1,440분이라는 시간입니다. 실제로 우리는 돈보다 훨씬 귀중한 시간을 선물 받았습니다. 여러분은 그 시간을 그 값어치만큼 누리고 있습니까?

현재에 집중하며 산다는 것이 말은 쉽지만 과연 어떻게 사는 걸까요? 그 답은 바로 '깨어 있음'입니다. 그것은 우리의 생각이 어디에 있는지를 의식하고 있어야 하고, 의식적으로 살아갈 힘이 있어야 한다는 말입니다. 내 생각이 바꿀 수 없는 과거나 예측할 수 없는 미래를 향해 움직이고 있다는 걸 감지했다면, 곧바로 '지금'으로 돌려놓아야 하는 것입니다.

'지금'만이 우리가 살 수 있는 유일한 순간입니다. "어제는 돌이킬 수 없고, 내일은 알 수 없습니다." 지금 이 순간을 산다는 것은, 깨어 있음으로써 의식적으로 살아갈 용기를 가지는 것입니다.

- 나는 이 순간을 살 수 있다.
- 나는 내게 주어진 순간순간을 음미한다.
- 나는 내게 주어진 하루하루가 값을 매길 수 없을 만큼 귀중하다는 것을 안다.

울적함을 달고 사는 나

우리가 깨끗이 몸을 씻고 옷을 빨아 입듯이, 우리의 마음도 깨끗하게 닦아 줘야 합니다. 살아가면서 마치 심령 쓰레기 수집가처럼 진공청소기로 다른 이들의 감정을 빨아들이고 다니는 여자들이 많습니다. 여자들이 유독 자기 주변 사람들의 고민을 전부 짊어지려는 경향이 강합니다. 예민할수록 더 많은 먼지를 모으고 다니지요. 하지만 내 짐만으로도 너무 버거우면서 남의 짐까지 들고 다녀야 할 이유는 없습니다. 과감하게 그 짐을 내려놓을 용기가 필요합니다. 우리가 마음을 닦아 주는 것만으로도 새로운 하루를 시작할 힘과 에너지를 얻을 수 있습니다.

온종일 나쁜 감정에 시달렸다면, 마음을 깨끗하게 닦아 주는 상징적인 활동을 해서 그런 감정을 빨리 털어내는 것이 현명합니다.

제일 좋은 것이 샤워나 목욕입니다. 쏟아지는 물줄기 밑이나 탕 안에서 한계에 부딪혔던 경험이나 패배감, 우울한 감정이나 신념들을 흘려보내는 상상을 해보는 것입니다. 내 것이 아닌 갖가지 감정들이 나로부터 빠져 나와 하수구로 사라져가는 장면을 상상하면 생생하게 느낄 수 있습니다. 쓰레기 같은 감정들을 짊어지는 것은 내 몫이 아닙니다. 다 흘려보내고 나서 비어 있는 자리에 사랑과 에너지를 채워 보세요!

- 나는 내 것이 아닌 감정을 놓아 버린다.
- 나는 신선하고 깨끗하다.
- 나는 사랑과 에너지로 가득하다.

미운 사람과 같이
지내야만 하는 나

나를 화나게 하고 나에게 잘못을 저지른 사람들을 용서하기란 결코 쉽지 않습니다. 하지만 끔찍하게도 내가 그들을 용서하지 않으면 그들이 내 생각과 기분을 조종하는 힘을 가지게 된다는 것입니다. 그렇기 때문에 우리는 그들을 용서해야 하고 그래야만 마음의 평화와 자유로움을 느낄 수 있습니다.

릴리안과 같은 사무실에 근무하는 한 여자는 동료들을 화나게 하고 일도 제대로 하지 않으면서 뺀질거리는 게 인생의 주요 목표인 것처럼 보였습니다. 그렇다고 함부로 해고할 수도 없는 노릇이어서, 릴리안은 출근할 때마다 긴장을 풀지 못했습니다.

그러다가 릴리안은 자기 마음도 열 수 있고, 그녀 때문에 감정이

상하는 일도 줄일 수 있는 방법을 하나 알아냈습니다. 아마 누구에게
나 이 방법을 실습해 보고 싶은 상대가 한두 명쯤은 있을 것입니다.
  잠시 눈을 감고 무조건 사랑하는 사람이나 물건을 떠올려 보세요.
꽃이나 아이, 또는 어떤 장소여도 좋습니다. 그것이 무엇이건 여러분
이 충만함을 느끼는 것이면 됩니다. 그 대상을 향해 여러분의 마음이
흘러넘치고, 에너지가 흘러가는 것을 느껴 보세요. 사랑하는 마음이
점점 커지는 것을 느끼면서 그 시간을 즐겨 보세요. 그러고는 아주
조심스럽게 처음 떠올렸던 대상을 지우고, 그 자리에 여러분을
힘들게 하는 사람을 바꿔 넣어 보세요. 그에게 사랑이 흘

러가도록 가만히 내버려 두세요. 그것이 불가능하다고 느껴져도 괜
찮습니다. 나중에 다시 시도하면 되니까요. 결국은 사랑이 흘러가게
할 수 있습니다.

그 사람에게 애정을 느껴야 할 필요도 없습니다. 다만 여러분 스스
로 마음의 평화를 얻기 위해서 그 사람을 사무적으로 사랑해야 한다
는 것입니다. 사무적으로 사랑한다는 말은, 그들의 안녕을 바라거나
적어도 그들에게 해를 끼치고 싶지는 않다는 뜻입니다.

- 나는 날마다 더욱 더 사랑하고 용서할 수 있다.
- 나를 통해서 ______에게 사랑이 흘러가는 것을 허락한다.
- 나는 ______를 용서한다.

늘 아이들에게
미안함을 느끼는 나

여자들은 엄마 역할에 지나치게 피해 의식을 많이 느낍니다. 그래서 너무 쉽게 죄책감을 갖지요. 너무 많이 한 건 아닌지, 너무 적게 한 건 아닌지, 너무 엄격한 건 아닌지, 너무 관대한 건 아닌지. 이런 물음들은 자녀가 갓난아이건 쉰 살이 넘은 어른이건 상관없이 여자들을 괴롭힙니다. 그런데 우리가 마음의 평화를 얻으려면 엄마인 나 자신을 먼저 용서해야 합니다. 무슨 일이든 엄마 탓으로 몰아가는 사회통념에 맞서서 나 자신을 용서하려면 많은 용기가 필요합니다.

첫아이가 태어났을 때 저는 너무 젊고 경험도 없었고 불행했습니다. 엄마 노릇을 잘하고 싶어서 노력은 했지만 지금처럼 좋은 엄마는 아니었습니다.

그래서 여유를 가지고 제가 되고 싶은 엄마가 되기 전에, 먼저 저 자신을 마주해 보았습니다. 그리고 힘겨워 했던 그 젊은 엄마, 과거의 저 자신을 용서했습니다. 이십 대 초반의 저를 떠올려 그때 느꼈던 외로움과 혼란스러움을 인정하고, 당시 상황에서는 제가 최선을 다했다는 걸 믿었습니다. 실제로 그랬으니까요.

여러분도 부족한 엄마였던 과거의 자신을 용서해야 한다면, 눈을 감고 젊은 시절의 여러분을 떠올려 보세요. 그녀는 어떤 감정 상태이며 지금 그녀를 보는 여러분의 기분은 어떤가요? 지금은 용서하고 싶은 과거의 태도나 행동의 원인들을 이해하려고 노력해 보세요. 이해할 수 있어야 용서도 할 수 있습니다.

우리는 모두 그때그때 최선을 다하고 삽니다. 이 사실을 인정하면 우리 자신을 용서할 수 있습니다. 자기 자신을 용서해야 이전보다 더 나은 사람이 될 수 있습니다. 지금 자녀들과의 관계가 화목하다면 완벽한 엄마가 되어 주지 못했다는 죄책감에서 그만 벗어나세요. 그러고 나면 아이들에게 후회스러운 일을 이야기하거나 용서를 구하고 싶어질 수도 있습니다.

- 나는 부족한 엄마였던 과거의 나를 용서한다.
- 나는 내가 될 수 있는 최고의 엄마다.
- 나는 내가 보살피는 아이들 모두를 다정하게 돌본다.

나 자신이
못마땅한 나

우리가 진정한 나 자신이 되기 위해 용기 있게 일할수록, 하루하루를 완벽하고도 올바른 방법으로 풀어나갈 기회가 열립니다. 언젠가 어떤 지혜로운 여자 분이 이런 말을 해 주었습니다. "미래는 치유된 과거와 제대로 살아가는 현재에서 비롯된다."

내일 되돌아보았을 때 자부심이 느껴지도록 오늘을 충실히 살아가면 충만한 미래가 만들어지고, 현재도 존중할 수 있습니다. 매일 많은 것들을 통해서 영감을 얻지만 여전히 불완전하고 아등바등 발버둥치면서 살고 있는 나 자신을 있는 그대로 사랑하는 법과, 친절하고 사려 깊게 남들과도 잘 어우러져 살아가는 법을 배울 수 있습니다.

나의 재능과 능력, 별난 점들은 나만의 고유한 것이며, 나만의 방법으로 그것을 남들과 나눌 수 있습니다.

종이에 이렇게 적어 보세요. "무엇이 나를 특별하게 만들어 주는가?" 그런 다음 스스로를 제일 친한 친구라고 가정하고, 여러분에게 있는 특별한 재능 몇 가지를 적어 보세요. 재미삼아 별난 점을 적어봐도 좋습니다.

우리는 모두 독창적인 존재입니다. 각자가 지닌 개성은 버리기 아까운 소중한 선물입니다. 오늘 나 자신으로 지내는 것은 우리 여자들의 권리이자 특권이며 임무입니다.

- 오늘, 나는 독창적인 나 자신으로 지낼 용기가 있다.
- 나는 오직 나만이 나눌 수 있는 선물에 감사하다.
- 나는 과거를 받아들이고 현재를 즐기며 미래를 기대한다.

가족의 죽음을 앞두고
두려워하는 나

우리가 느끼는 걱정과 불안은 안내자도 없이 홀로 떠다니는, 깊은 고독감과 두려움에서 출발합니다. 하지만 그것은 사실이 아닙니다. 우리는 눈에 보이지는 않지만 실제로 존재하는 많은 친구들과 멘토들의 지원을 받고, 희망도 얻을 수 있기 때문이지요.

어머니가 암 투병 중이었을 때 저는 2,400킬로미터나 떨어진 먼 곳에 산다는 것과 가족 간의 갈등 때문에 좌절감을 느꼈고, 어머니를 잃게 될 거라는 상실감 때문에 힘들었습니다. 거의 쓰러지기 일보 직전에 저는 어릴 적에 제일 좋아했던 작은 책 『조용한 마음』을 집어 들고 아무 페이지나 펼쳐서 읽어 내려갔습니다. "사랑하는 아가야, 인생은 무척 힘들 수 있단다. 그러나 우리는 늘 너와 함께 있을 거야." 그 글을 보고서 저는 쏟아지는 눈물을 주체할 수 없었고 마음이 후련해지는 느낌을 받았습니다. 마치 누군가에게 안겨 있는 것 같은 묘한 안도감이 느껴졌습니다. 생각만 그랬던 게 아니라 실제로 저를 염려해 주는 누군가의 품속에서 편안히 쉬고 있는 느낌이었습니다.

곧 어머니를 잃어 슬퍼할 사람은 제 내면의 소녀였기 때문에 '사랑하는 아가'라는 말이 바로 저한테 하는 말처럼 들렸던 것이지요. 저는 어른이었지만 평생 친구처럼 의지하던 어머니를 잃을 위기 앞에서는 평소처럼 내면의 소녀를 위로할 수가 없었습니다. 그래서 그 한마디 말에 누군가가 안아 주는 느낌을 받고 위안을 얻을 수 있었던 것입니다.

위로가 필요할 때는 위로해 달라고 요구할 줄 알아야 합니다. 그래야 마음의 평화를 얻을 수 있습니다. 나를 무조건적으로 사랑해 주는 다정한 사람의 품속에 있는 장면을 그려 보는 것만으로도 두려워하는 내면의 아이는 위로받을 수 있습니다.

- 나는 보이지 않는 존재의 다정한 품에서 내가 쉬는 것을 허락한다.
- 나는 눈앞에 있지는 않지만 멘토와 여러 친구들의
  지지와 사랑을 받고 있다.
- 나는 위안을 받아들일 용기가 있다.

자꾸 자책감에 빠지는 나

마음의 평화를 방해하는 가장 큰 장애물 중 하나가 스스로에게 마음으로 하는 잘못된 대화입니다. 저는 치료사로 일하면서 많은 여자들의 마음속에 "너는 제대로 못해", "너는 충분히 하지 않았어", "왜 몰랐니?" "너는 틀렸어", "너는 나빠"와 같이 '판단하는 부모'의 목소리가 있는 것을 숱하게 보아 왔습니다. 만약 스스로에게 그렇게 말하는 것처럼 집안의 화초들에게도 그렇게 말한다면 이렇게 될까요? 시들어버릴까요 아니면 무성히 자랄까요? 또 친구들에게 그런 식으로 얘기한다면 그들이 기꺼이 나의 조언을 들으려 할까요?

불친절한 혼잣말은 심각한 스트레스가 됩니다. 우리가 자주 쓰는 말에서 "~하는 것이 좋다", "~해야 한다", "~할 수 없다"만이라도 빼

버릴 수 있다면, 우리가 받는 스트레스의 34%나 줄일 수 있다고 합니다. 그런 말들은 피해자의 말이기 때문입니다. 그런 말은 여자들에게는 힘도 없고, 선택권도 없다는 것을 암시합니다. 따라서 우리는 그런 말을 "~하기로 선택하다", "~하고 싶다", ~할 것이다"로 바꿔써야 합니다.

많은 여자들이 그동안 해야만 하는 것들이 있고, 하면 좋은 것들이 있으며, 할 수 없는 것들이 있다고 믿어왔습니다. 그렇기 때문에 이제 와서 갑자기 그 생각이 반드시 옳은 건 아니라는 사실을 인정하기가 너무 어렵습니다. 하지만 인정하기 어렵다고 해도 내 고정관념이나 오랫동안 가져왔던 생각이 반드시 옳지는 않다는 건 당연합니다.

물론 자신에게 힘을 주는 혼잣말을 만들어내는 것이 쉽지는 않습니다. 하지만 그것은 생각보다 단순하며 오로지 우리 자신에게 맡겨진 일입니다. 자신에게 긍정적으로 말할 수 있다는 걸 인정하고 그렇게 하겠다고 나 자신과 약속해야 합니다.

• 나는 나 자신에게 다정한 방법으로 얘기한다.
• 나는 '~선택한다', '~하고 싶다', '~할 것이다'와 같이
  힘이 되는 말을 쓴다.

무력감에 시달리는 나

우리가 할 수 없다고 믿을 때, 우리는 옳습니다. 우리가 할 수 있다고 믿을 때, 그때도 역시 우리가 옳습니다.

The Little Engine That Could 라는 동화책이 있습니다. 큰 기차들도 실패했던 가파른 언덕길오르기를 작은 기차가 결국 해낸다는 내용입니다. 작은 기차의 성공 비결은 스스로에게 '나는 할 수 있다, 나는 할 수 있다.'라는 말을 계속 되뇌었다는 것입니다.

어릴 때부터 '나는 못해'라고 입버릇처럼 말하곤 했던 트레이시에게 엄마는 이 동화책을 자주 읽어 주었습니다. 하지만 트레이시는 어른이 된 뒤에도 그 고약한 버릇을 버리지 못하고, 가끔씩 부정적인 말을 내뱉곤 했습니다. 언젠가 일주일 동안 해외출장을 갔다가 돌아

왔던 날이었습니다. 당장 해야 할 일들이 산더미처럼 쌓여 있는 것을
보고 극심한 스트레스를 받았지요. 아무것도 할 수 없었던 트레이시
는 자기 마음속을 들여다보았습니다. 그랬더니 자기가 '나는 이걸 다
못해, 나는 할 일이 너무 많아.'라고 계속 되뇌고 있는 것이었습니다.
자기 생각의 영향을 받은 그녀의 무의식이 계속해서 "비상! 공황상
태"라는 메시지를 보내고 있었던 것이지요.

자기가 하는 혼잣말이 스트레스를 준다는 걸 알아차리고 '나에게는 내가 하고 싶은 일을 다 할 수 있는 에너지와 시간이 있다.'고 혼잣말을 바꿔보기로 마음먹었습니다. 물론 처음에는 자신도 그 말을 믿지 않았지요. 하지만 효과가 있다는 걸 믿기로 하고 동화책 속 문장을 계속해서 큰소리로 외쳐 보았습니다. 그러자 몇 분이 지나지 않아 몸의 긴장이 풀리면서 생각이 맑아지고 일도 효율적으로 할 수 있게 되었습니다. 결국 그녀는 쌓여 있던 일을 잘 마칠 수 있었습니다.

오랜 습관이나 사고방식을 바꾸는 데는 엄청난 용기가 필요합니다. 하지만 무력감을 느끼거나 무언가에 짓눌린 느낌이 들면 작은 기차가 되뇌던 것처럼 '나는 할 수 있다, 나는 할 수 있다.' 하고 계속 말해 보세요. 그 말이 나를 도울 수 있습니다.

- 나는 내가 하고 싶은 모든 것을 할 시간과 용기가 있다.
- 나는 할 수 있다.
- 나는 내가 할 수 있다는 것을 안다.

부정적인 생각에서
벗어나기 힘든 나

원숭이들은 나무 위에서 팔다리와 꼬리를 흔들면서 이 가지에서 저 가지로 옮겨 다닙니다. 어떤 때는 서로 잡아당기고, 어떤 때는 어디론가 휙 사라지기도 하지요. 우리들의 생각은 이렇게 움직이는 몇천 마리의 원숭이 같다고 할 수 있습니다. 그 '원숭이 생각'은 진드기처럼 우리가 힘들어 하고 귀찮아하는 것들에 들러붙기를 좋아합니다. 그래서 감정이 곪아터질 때까지 우리의 생각을 쑤시고 긁고 깨물어댑니다. 그러나 계속 그렇게 하도록 내버려 둘 필요가 없습니다. 내 생각의 주인은 바로 나 자신이기 때문이지요.

내 생각의 주인이 되는 법을 배우는 것은 사실 무척 어렵고 짜증나는 일입니다. 그래서 쉽게 포기하고 두려움에 빠지거나, 정해진 한계

안에 안주하려는 유혹에 빠지기가 쉽습니다. 하지만 내가 행복하려면 내 생각은 내가 길들이겠다는 용기가 반드시 필요합니다. 내 생각을 내가 통제할 수 있다는 걸 진심으로 믿고, 침착하게 꾸준히 연습해야 합니다.

내 생각이 부정적인 것에 진드기처럼 집착하고 있다는 것을 알아차렸을 때는 사랑, 감사와 같은 긍정적인 생각으로 주의를 돌리면 됩니다. 내 생각이 매달려 있는 가지가 내 마음의 평화를 깨뜨린다면, 바로 다른 가지로 건너뛰는 것입니다. 내 생각을 어디에 집중할 것인가는 나 스스로 결정할 수 있습니다. 불쑥불쑥 튀어나오려는 원숭이 생각을 진정시키는 일은 평생 해나가야 할 과제입니다.

- 나는 내 생각의 주인이다.
- 나는 치유, 사랑, 감사를 생각하기로 선택한다.
- 나는 스트레스를 받는 상황에서도 평화로운 생각을 할 힘이 있다.

스스로 헤어 나올 수 없는
처지에 빠진 나

내 인생에 어떤 일이 일어나건 나는 적어도 한 가지를 선택하여 반응하게 됩니다. "그거 참 잘됐다." 아니면 "그거 참 안 됐다." 하고 말하는 것이지요. 어떤 것을 좋지 않다고 말하는 것은 저항입니다. 저항은 아픔을 더 키웁니다. 반대로 "그거 참 잘됐다."라는 말은 자주 하면 할수록 더 행복해집니다.

폴리는 다섯째 아이를 임신한 지 여덟 달이 되었을 때, 남편과 아이들이 집을 비운 사이 실수로 구식 난방용 송풍구 안으로 떨어지는 사고를 당했습니다. 여섯 시간이나 지난 뒤에야 집으로 돌아온 가족들은 그녀가 통로에 끼인 채 차분히 뜨개질을 하고 있는 모습에 깜짝 놀랐습니다. 사고가 난 뒤 폴리는 혼자서는 도저히 빠져 나올 수 없는 사태라는 걸 알아차리고는 애쓰거나 울거나 걱정하는 일에 감정을 낭비하고 싶지 않았습니다. 대신 뜨개질 재료가 가까이에 있는 게 그나마 다행이라고 여기고, 최악의 상황이었지만 최선을 다하기로 마음먹었던 것입니다.

만약 여러분이 그런 상황에 처했다면 어땠을까요? 대부분은 폴리처럼 침착하게 행동하기가 쉽지는 않았을 것입니다. 하지만 안 좋은 상황에서라도 좋은 쪽으로 생각하려고 애쓰는 것쯤은 누구나 할 수 있는 일입니다. 따라서 자기 동정이나 자기 연민에 빠지지 말고 용기를 내야 합니다. 스스로 "그거 참 잘됐다."를 선택하겠다고 약속하는 것부터가 마음의 평화를 향한 큰 발걸음이 됩니다. 우리에게 일어난 상황을 나쁘다고 생각하면 할수록 저항하는 우리 자신만을 깨닫게 될 것입니다. 그럴 때는 잠깐 멈추고 억지로라도 좀 더 긍정적인 반응이나 태도를 선택할 수 있습니다. '긍정적인 마음'과 '마음의 평화'는 서로 마주잡은 손 같은 것입니다.

- 나는 "그거 참 잘됐다."는 긍정적인 태두를 선택한다.
- 나는 긍정적이다.
- 나는 어떤 상황에서나 밝은 면을 본다.

가혹한 혼잣말을 일삼는 나

만약 우리의 무의식이, 우리의 의식이라는 화면에다 습관적으로 "바보 같으니라고! 너 또 잘못했구나!" 하고 끔찍한 말들을 계속해서 비춰 주고 있다면, 마음의 평화는 우리를 그냥 지나쳐 갈 것입니다. 어느 누구도 자신을 그렇게 대하는 컴퓨터를 사고 싶지는 않겠지요. 대신 "이번 시도, 좋았어!" 하고 우리를 격려해 주는 컴퓨터라면 누구나 갖고 싶어 할 것입니다.

우리의 생각은 최고로 좋다는 그 어떤 컴퓨터보다도 뛰어나며, 그 프로그램을 짜는 사람은 오직 우리 자신뿐입니다. 우리에게 힘과 용기, 끈기만 있다면 부정적인 자기 대화를, 긍정적인 내면의 대화로 바꿀 수 있습니다.

나일라는 치료사로부터 수첩을 갖고 다니면서 자신에게 부정적으로 애기할 때마다 기록해 보라는 조언을 들었습니다. 그녀는 사실 자기가 자신에게 얼마나 가혹한 말을 하고 있는지 정확하게 확인하고 싶지는 않았습니다. 그래서 그 제안을 받아들이기까지는 많은 용기가 필요했습니다. 하지만 용기를 내어 그 제안을 받아들이고 나서 기록해 보면서 자기가 얼마나 자신에게 가혹했는지를 깨닫고 너무나 놀랐습니다. 한 달 가량 의식적으로 기록하는 습관을 들인 후 그녀는 가까스로 부정적인 버릇을 고칠 수 있었습니다.

부정적인 자기 지적처럼 오래된 습관을 바꾸는 것은 쉽지 않습니다. 따라서 자신이 추구하는 새로운 태도를 기억하는 것이 무척 중요합니다. 사람의 생각은 컴퓨터와 비슷한 방식으로 일하기 때문에, 내가 원하는 결과를 얻기 위해서는 잘못된 지시를 올바른 지시로 바꾸면 됩니다. 나일라처럼 나 자신에게 했던 불친절한 지적을 수첩에 적고 긍정적인 말로 바꿔 적어 보세요. 부정적인 말을 '지금 당장' 긍정적인 말로 바꿔 버리는 것이 가장 효과가 강력합니다. 마음의 평화는 당연히 평화로운 생각의 결과이기 때문입니다.

- 나는 나 자신에게 다정한 말, 격려의 말을 한다.
- 나는 평화로운 생각으로 내 마음을 채운다.

노후가 두려운 나

마음의 평화를 무너뜨리는 가장 빠른 길은, 바로 미래에 대한 걱정입니다. 걱정은 우리를 미래라는 구멍에 빠지게 합니다. 미래라는 구멍에 빠지게 하는 부정적인 혼잣말은 "만약……", "나는 ……하면 견딜 수 없을 거야.", "나는 ……가 두려워." 같은 말입니다. 성경에도 "오늘의 걱정만으로도 충분하다."는 말씀이 나옵니다. 우리는 오늘 우리에게 다가오는 일에는 대처할 수 있습니다. 하지만 내일이나 내년에 일어날 일까지 미리 걱정할 필요는 없습니다. 미래를 걱정하다가 자칫 마음의 평화가 무너질 수도 있으니까요.

오랜 결혼생활을 접고 갑자기 혼자가 된 지니에게 가장 어려웠던 점은 생각이 자꾸만 미래로 나아가는 것이었습니다. "만약 돈을 못

벌면 어떻게 하지?", "애들이 아빠하고 살겠다면 못 견딜 것 같아.", "언제까지나 혼자일까 봐 걱정이야." 등등. 미래라는 구멍에 빠지면 누구나 이렇게 우울해집니다.

따라서 미래를 걱정하는 자신을 발견하면, 당장 생각을 오늘로 다시 끌어와야 합니다. "나는 지금 당장 오늘을 감당할 수 있어. 내일은 아직 오지 않았잖아. 내가 걱정해야 할 것은 '지금'뿐이야." 하고 자기 자신에게 얘기해야 합니다.

미래에 대한 계획은 당연히 세워야 하지만, 미리부터 걱정하지는 마세요. 계획을 세우면 안정감을 느끼지만, 걱정하면 괜한 고통만 느끼게 됩니다. 또 계획을 세우면 힘이 되지만, 걱정하는 것은 피해의식만 느끼게 합니다.

- 나는 미래를 위한 계획은 세우지만, 지금을 산다.
- 나는 내게 주어지는 어떤 일도 처리할 용기가 있다.
- 나는 내 인생과 지금의 상황이 완벽한 방향으로 펼쳐지고 있다고 믿는다.

용서하려는 의지가
부족한 나

폭풍우 치는 바다에 빠졌을 때 구명조끼는 사람들의 목숨을 구해 줍니다. 구명조끼가 없다면, 안타깝게도 구조되기도 전에 먼저 익사해 버릴 것입니다.

인생이라는 바다를 항해하는 동안에도 폭풍우를 만나 감정의 파도에 삼켜질 때가 많습니다. 이때 가장 부력이 좋은 구명조끼는 바로 용서와 용서하겠다는 의지입니다. 고의로든 실수로든 다른 사람들은 우리에게 아픔을 주거나 우리를 실망시킵니다. 우리도 마찬가지로 남들에게 그럴 것입니다. 나와 남들의 단점을 용서하려는 용기가 바로 우리를 수면 위로 밀어 올려 목숨을 구해 주는 가장 확실한 구명조끼입니다.

용서는 과정입니다. 따라서 우선 우리의 아픔, 혼란, 화를 건설적으로 표현해야 합니다. 물론 고통을 밖으로 표출하는 동안에는 절대로 용서할 마음이 들지 않습니다. 그래도 괜찮습니다. 하지만 계속 화를 내면서 아픈 티를 내고 싶은 마음을 멈추는 데는 용기가 필요합니다. 마음의 평화를 위해서라도 언젠가는 용서해야 합니다. 우리의 목표가 용서라는 것을 안다면 스스로 지지해 주고 방향을 바로 잡으며, 불편한 감정을 내려놓고 앞으로 나아갈 수 있습니다.

우리가 감정의 격동이라는 물살을 헤쳐 나가는 동안에는 '용서하려는 의지'가 우리라는 배의 무게중심이 됩니다. 반대로 '용서하지 않으려는 마음'은 무거운 추를 목에 매단 것처럼 우리를 더 깊은 바다로 끌어내릴 뿐입니다. 용서만이 우리를 수면 위로 떠오르게 해 준다는 것을 꼭 기억하세요.

- 나는 내 고통을 적극적으로 표현하도록 허락한다.
- 나는 남과 나 자신을 용서할 용기가 있다.
- 나는 내 주변 사람들의 용서를 받아들인다.

끔찍한 고통을
당한 나

도저히 받아들일 수 없는 일을 받아들여야만 하는 상황에 맞닥뜨릴 때가 있습니다. 그 일이 아이의 죽음일 수도 있고 이혼이나 암, 퇴사, 또는 화재일 수도 있습니다. 그럴 때 우리는 과연 우리가 그런 일을 대면할 만큼 강한지 의심하게 됩니다. 비극을 받아들이는 것이 그만큼 고통스럽고 어려운 일이기 때문이지요. 그래서 신을 원망하고 자신의 운명에 분노를 퍼붓는 사람들이 오히려 당연하고 현명해 보이기까지 합니다. 그렇게 하는 것이 받아들일 수 없는 고통을 받아들이는 하나의 과정인 것은 맞습니다. 그러나 감정적, 육체적, 정신적 상처를 제대로 아물게 하려면, 일단 그런 일이 일어났다는 사실을 거부하는 마음을 멈춰야 합니다. 거부하면 할수록 고통이 더 커지기 때문입니다.

받아들일 수 없는 일을 받아들이려면, 삶을 방대하고 경이로운 직물조각으로 만들어진 작품이라고 생각해 보는 것이 도움이 됩니다. 우리가 어떤 패턴의 한가운데라고 할 수 있는 '지금'에 코를 박고 있다면, 전체는 물론이고 부분조차 제대로 보기 어렵습니다. 받아들이기 힘든 일이 생겼을 때, 가까운 거리에서는 그 일이 내 인생이라는 패턴에 어떻게 들어맞는 조각인지 제대로 파악할 수 없습니다. 그러니 조금만 뒤로 물러나서 전체를 바라보세요. 이미 벌어진 그 상황은 우리가 성장하는 데 도움이 되고, 삶 전체라는 작품에 보탬이 되리라는 걸 믿어야 합니다.

불가능을 받아들이는 것은 너무 어렵습니다. 하지만 받아들이지 않으려는 마음만 내려놓으면 고통이나 불행을 있는 그대로 받아들일 수 있고, 마음의 평안도 얻을 수 있습니다.

• 주여, 내가 바꿀 수 없는 것을 받아들이도록 평안을 주시고,

내가 바꿀 수 있는 것은 바꿀 용기를,

그리고 그것을 분별할 수 있는 지혜를 주세요.

4
두려움이라는 이름의
괴물을 때려눕혀라

두려움에 직면했을 때 우리 안과 밖에 있는
힘의 연결점을 알면, 용기를 배울 수 있다.
앤 윌슨 셰프

행복이나 자신감을 찾아 나섰다가 불을 내뿜는 무시무시한 괴물이 앞을 가로막고 있는 느낌을 받을 때가 많습니다. 그 괴물은 대개 두려움 때문에 생기는 것으로, 무의식의 어두운 동굴에서 태어나고 거기서 힘을 얻습니다. 두려움은 우리의 삶을 가장 많이 제한하는 장애물입니다. 우리를 과거의 아픔 속에 묶어 놓고 충만한 미래로 가는 길을 방해하기 때문이지요.

두려움에 싸여 있는 우리를 가로막고 있는 내면의 괴물에게서 벗어나려면 엄청난 용기가 필요합니다. 정면으로 맞서지 않으면 오히려 상대의 힘을 더 키우는 형국이 되고 맙니다. 빛에서 멀리 떨어진 곳에서 조용히 힘을 키워서는 마치 협박하듯 골칫거리로 떠오르기 때문입니다.

두려움은 피하지 말고 마주하고 살아야 합니다. 두려움을 통해서 무언가를 배울 수 있다고 생각하는 용기에서 비로소 자유를 얻을 수 있습니다. 용기를 내어 두려움과 마주하세요. 다른 사람들의 지지를 얻어 두려움 속으로 한 발짝 한 발짝 다가갈 때마다 두려움이 조금씩 줄어듭니다. 우리 내면에 있는 두려움이라는 괴물을 계속해서 마주 대할 용기를 가져야 그 두려움으로부터 자유로워져서 진정한 우리 자신으로 살아갈 기회를 얻을 수 있습니다.

혼자가 될까 봐
두려워하는 나

로버트 프로스트는 "그곳을 빠져나가는 최선의 방법은 그곳을 그대로 지나가는 것"이라고 말했습니다. 두려움에 관해서는 이 말만큼 딱 맞는 말이 없습니다. 그곳을 빠져나가는 최선의 방법은 정말 정면으로 돌파하는 것뿐입니다. 다른 길로 돌아가거나 피하지 않고 곧바로 통과하는 것이지요. 두려움에서 도망치면, 두려움은 되레 나와 함께 뛰기 시작합니다! 게다가 두려움에는 지성까지 있어서 누려워하는 존재에게로 나를 끌어당기는 힘이 있습니다. 이처럼 치유되지 않은 내 안의 두려움은 마치 안개처럼 수많은 선택권으로부터 나의 눈을 가려 버립니다.

앤지는 남편이 자기 곁을 떠날까 봐 무척 두려워했습니다. 밤에는 남편 없이는 방을 나가지도 못할 정도였습니다. 자고 싶어도 남편이 아직 잘 준비가 되어 있지 않으면 남편의 발밑에 웅크리고 누워서 기다렸습니다. 남편은 헌신적이었지만, 그녀가 왜 혼자가 될까 봐 두려워하는지를 이해하지 못했습니다. 하지만 그녀는 별다른 이유가 없어 보이는 그 두려움의 원인이 무엇인지 알아보는 것조차 두려워했습니다.

다행히 심리치료사의 도움을 받아 자기 내면을 들여다볼 용기가 생기자 그녀는 어릴 적 일을 기억해냈습니다. 겨우 일곱 살이었던 자기를 버리고 떠난 아버지에 대한 생생한 기억이었습니다. 그녀는 끔찍하게 폭력적이었던 아버지의 학대가 모두 자기 잘못이라고 생각했고, 아버지가 떠난 것도 순전히 자기한테서 멀리 떨어지려고 했던 것이라고 믿었지요. 그 때문에 어른이 되어서도 스스로 사랑받을 가치가 없는 사람이라고 생각하는 깊은 두려움(특별히 남성들로부터)이 그녀의 내면에 똬리를 틀게 된 것입니다.

감사하게도 우리가 느끼는 두려움의 대부분은 그녀가 느꼈던 두려움보다는 덜할 것입니다. 하지만 지금 만약 여러분이 몸과 마음을 나약하게 만드는 이해할 수 없는 두려움과 맞서 싸우고 있다면, 안정감을 주는 신뢰할 만한 상담전문가를 찾는 용기가 필요합니다.

혼자서라도 두려움을 이겨내 보겠다는 마음이 들면, 조용히 앉아서 두려움의 대상을 생각해 보고 자기 자신에게 물어보세요. "나는

왜 두려움을 느끼는가?”, “내가 이 두려움을 마주하고 곧바로 통과
했을 때, 가장 안 좋아지는 일은 무엇인가?”, “내가 상상하는 일이 정
말로 일어난다면, 나는 살아남을 수 있을까?” 일 분, 한 시간, 하루를
두고 두려움에 맞설 용기만 있다면, 우리들의 대답은 “네.”가 될 것
입니다.

- 나는 _____에 대한 두려움을 대면할 의지가 있다.
- 나는 _____에 대한 두려움을 대면할 용기가 있다.

사랑받을 자격이 있는지
의심스러운 나

우리는 모두 거절을 두려워합니다. 특히 자기 자신을 사랑스럽지 않다고 느낄 때 두려움에 노출되지요. 그런데 우리는 얼마나 자주 스스로를 사랑받을 만한 존재라고 인정하면서 살아갈까요?

마리는 남자친구가 항상 사랑한다는 말을 해 주는 데도 말은 그렇게 하지만 언젠가는 자기를 거부할지도 모른다는 두려움을 가지고 있었습니다. 왜 그런 두려움을 품고 사는지 물어보자 그녀는 당황해하며 자신이 그다지 사랑스럽다고 생각하지 않아서라고 대답했습니다. 저는 마리가 자기 자신을 대하는 감정을 바꾸기를 바랍니다. 그렇지 않으면, 자기 믿음에 걸맞게 사랑스럽지 못한 행동을 하게 될 테니까요. 실제로 내가 나를 사랑스럽다고 생각하지 않으면, 남자친

구도 그렇게 생각하고 나에게서 떠나갈 수 있습니다.

자기 자신을 사랑스럽지 않다고 느낀다면, 그것은 내면의 상처받은 소녀가 아파하고 있는 것입니다. 누군가가 "너는 별로야.", "너는 사랑받을 자격이 없어."라고 했거나 그렇지 않으면 스스로 그렇게 생각하고 있는 것이지요. 우리가 우리 내면의 소녀를 사랑하는 용기를 가져야 다른 사람들도 우리를 사랑스럽다고 생각합니다.

상처 입은 내면의 아이를 치유하려면, 조용히 눈을 감고 안전하고 멋진 공간에 있는 여러분을 그려 보세요. 그리고 여러분의 내면의 소녀도 함께 있는 것을 상상해 보세요. 그 소녀를 마음을 다해 사랑해 주고 장점을 말해 줘서 자신이 사랑스럽다는 것을 확인시켜 주세요.

여러분이 소녀를 지지하거나 받아들이지 못한다고 느껴지면, 무조건적으로 사랑하는 연민 가득한 엄마의 모습을 떠올려 그 소녀를 안아 주고 위로하게 해 주세요. 우리가 사랑받을 자격이 있다는 것을 인정하는 것이 거절이라는 괴물을 길들이는 가장 좋은 방법입니다.

- 나는 나 자신을 사랑하고 인정한다.
- 나는 나 자신을 사랑하고, 남들이 나를 사랑하는 것도 허락한다.

자신감이 부족한 나

저는 한쪽 팔꿈치 아래가 없는 상태로 태어난 친구와 함께 자랐습니다. 둘이서 어떤 모험을 계획할 때마다 저는 늘 "이거 할 수 있을 것 같아?" 하고 그녀에게 물었는데, 그때마다 그녀는 "네가 할 수 있으면, 나도 할 수 있어." 하고 대답했습니다.

한계는 자기 스스로 정해 놓은 것입니다. 자기가 어떤 일을 할 수 있다거나 어떤 사람이 될 수 있다는 걸 안다면, 대개의 경우 그렇게 됩니다. 그런데 여기서 정확히 구별해야 하는 것이, 아는 것과 바라는 것은 다르다는 것입니다. 바라는 것은 수동적인 자세이고, 안다는 것은 보다 능동적인 자세입니다. 내가 가는 길을 가로막는 어떤 장애물이라도 넘고 피하고 통과할 수 있는 방법을 찾을 용기가 있다는 말이지요.

'나는 할 수 없다'는 생각은 우리가 가지고 있는 믿음 중 우리를 가장 힘 빠지게 하는 것입니다. 만약 무척 갖고 싶었던 무언가가 해변에서 100미터쯤 떨어진 뗏목 위에 있고, 그걸 얻으려면 그 뗏목까지 헤엄쳐 가야 한다고 가정해 봅시다. 모래 위에는 오리발과 5킬로그램짜리 볼링공이 달린 족쇄가 놓여 있어서 그 중 하나를 골라 뗏목까지 갈 수 있다면 물어볼 것도 없이 오리발을 골라야지요. 그런데 많은 여자들이 '나는 할 수 없어.' 하면서 족쇄를 고릅니다. 그래 놓고 자기가 왜 그토록 몸부림치다가 물속으로 가라앉는지를 이해하지 못합니다.

우리의 생각은 온전히 우리 자신의 권한 안에 있습니다. 목표에 도달하기 위해서는 오리발을 고르는 지혜가 필요합니다. 우리가 어떤 생각을 고르는가에 따라 '나는 할 수 없어.' 하면서 물속으로 가라앉을 수도 있고, '나는 할 수 있어.' 하면서 물 밖으로 헤엄쳐 나올 수도 있습니다.

* 나는 내가 할 수 있다는 것을 알아차릴 용기가 있다.
* 나는 능력 있고 창의적이다.
* 나는 내 앞길에 놓인 어떤 장애물도 극복할 수 있다는 걸 알고,
  스스로 목표를 이룰 수 있도록 돕는다.

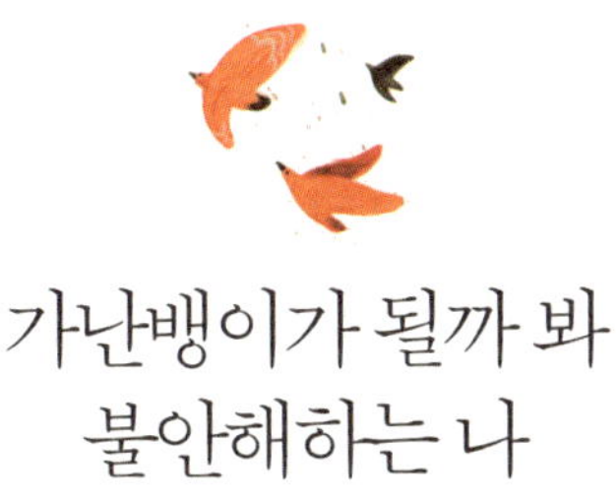

가난뱅이가 될까 봐
불안해하는 나

많은 여자들의 생각에는 작은 틈이 있는데, 그 틈을 비집고 부정적인 생각이 들어옵니다. 자기가 결국 가난한 노숙자 신세로 전락하는 건 아닐까 하는 불안감이 바로 그것입니다. 그 두려움은 나이가 적든 많든, 기혼이든 미혼이든, 부자든 가난뱅이든 모두에게 찾아옵니다. 이러한 부정적인 감정은 대개 박탈감에서 비롯되는 것인데, 인생을 파이로 보고 파이 조각이 모두에게 돌아갈 만큼 충분하지 않다고 생각하는 믿음 때문입니다.

로리는 부유한데도 늘 자기가 재산을 잃게 되지는 않을까 하는 두려움 속에서 살면서 지금 가지고 있는 것들조차 전혀 즐기지 못합니다. 반면에 말리아는 혼자 사는 쉰 살 된 할머니인데, 형편은 비록 넉

넉하지 않지만 자기가 정말로 축복받은 사람이라고 생각하면서 살고 있습니다. 항상 필요한 것을 누리게 될 것이라고 믿으며, 감사하는 마음을 품고 있지요. 느닷없이 돈이 필요할 땐 어디선가 돈이 생겨서 어려움을 벗어났던 경험도 있습니다.

박탈감이라는 유령이 고개를 쳐들면 똑바로 마주해서 내쫓아 버리는 용기가 필요합니다. 두려움을 일으키는 무의식적인 믿음을 찾아내서 충만한 믿음으로 바꿔 넣으면 됩니다. 우리가 느끼는 두려움은 대개 '나는 항상 부족해.' 또는 '나는 충분히 가질 자격이 없어.'와 같은 부정적인 믿음들 때문입니다.

그런 말을 자꾸 하다 보면 두려움이 점점 더 커지기 때문에 자기가 그런 말을 되뇌고 있다는 걸 알아차린 순간 "나는 내가 지닌 것에 감사하고, 앞으로도 부족함 없이 살게 될 것을 믿어."와 같은, 힘이 되는 말로 바꿔야 합니다. 우리가 진심으로 풍성하다고 느껴야 우리에게 필요한 것들이 우리에게로 이끌려 옵니다.

인생은 파이가 아니라 오히려 끊임없이 흐르고 되살아나고, 다시 채워지는 물줄기 같은 것이기 때문입니다.

- 삶은 나에게 주는 걸 무척 좋아한다.

- 나는 항상 풍족할 것이라고 믿는다.

- 나는 내가 가진 것에 감사한다.

단점만 떠올라
움츠러드는 나

우리는 이따금 우리가 얼마나 탁월한지를 인정하지 못합니다. 케케묵고 잘못된 자기 개념을 내려놓지 못해서 저 역시 그랬습니다. 첫 번째 책의 출간을 앞두고 원고를 인쇄소에 막 넘기려던 찰라 남편이 제 대학시절 생활기록부를 전해 주었습니다. 안 그래도 책을 내는 일에 자신이 없었던 제게 C학점짜리 작문 점수를 확인하는 일은 너무 가혹했습니다. 그리고 실패할지 모른다는 생긱 때문에 세 마음 속에 사는 두려움이라는 괴물이 고개를 들기 시작했습니다.

저는 쥐꼬리만 한 용기라도 되살려 보려고 대학시절 젊고 풋풋했던 제 모습을 떠올렸지요. 그 덕분에 비록 작문 성적은 평균밖에 안 되었지만, 저 자신이 지적이고 능력 있는 여자라는 걸 확인할 수 있었습니다. 그리고 제가 느꼈던 두려움과 변화의 과정을 글로 써서 다른 사람들과 나누고 싶어서 그동안 경험해 온 교육과 인생 경험에 초점을 맞추었습니다. 그랬더니 제 마음의 눈에 제가 드린 도움에 감사를 표했던 모든 사람들이 떠올랐습니다. 그러고 나서 감사하게 생각하는 저 자신의 특기와 능력을 하나하나 적어 보았습니다. 그러자 이십 여 년 전의 성적하고는 아무 상관없이, 저에게 나눌 것이 많이 있다는 생각이 제 마음 깊이 자리 잡기 시작했습니다.

이처럼 두려움에 집중하는 것에서 능력을 강조하는 것으로 초점을 바꿔 보는 단순한 발상의 전환만으로도 자신의 탁월성을 인정하는 법을 배울 수 있습니다. 자신감을 업그레이드하려면, 내가 지닌 탁월한 점들의 목록을 만들어 보세요. 좀 더 용기를 내서 가족과 친구들에게 나의 탁월한 점이 무엇인지 물어 봐도 좋습니다. 스스로 자신의 탁월함을 믿는다는 것은 아주 괜찮은 일입니다.

- 나는 나의 장점을 강조한다.
- 나는 나 자신의 장점에 집중함으로써 나의 탁월함을 인정한다.
- 나는 나 자신을 인정할 용기가 있다.

스스로에게
너무 인색한 나

여자들은 너무 지나치게 자기비판적입니다. 그래서 자신의 단점은 크게 부풀리고, 장점은 대단치 않게 여기는 게 옳다고 믿어 왔습니다. 또한 자기 자랑은 여자답지 못한 짓이라고 배워 왔습니다.

흔히 자기비판적인 사람들은 실수나 잘못은 형광색 불빛처럼 강렬하게 느끼면서, 성공했던 경험은 대수롭지 않은 것으로 여깁니다. 사실이거나 마음속으로 생각해온 자신의 단점은 쌍안경을 끼고 확대해서 보면서, 장점이나 성공은 그 반대로 축소해서 보는 것이지요. 실패는 크고 불길하게 보면서, 성공은 어쩌다 생긴 우연이나 지평선 위의 작은 점 정도로밖에 여기지 않는 것입니다.

쌍안경의 초점을 다시 맞추는 데는 용기가 필요합니다. 자기비판적인 사고를 넘어 나 자신이 얼마나 대단한 사람인지를 깨닫게 되는 과정이기 때문입니다.

날마다 나를 비추는 정직하고도 감사하는 거울이 되어 "날마다 탁월함 만끽하기"를 배울 수 있습니다. 나의 장점에는 집중하고, 잘못한 일에는 너무 크게 마음 쓰지 않으면서 실수를 반복하지 않고 잘할 수 있는 방법을 배우는 것입니다.

내가 좋아하는 나의 장점이나 스스로에게 감탄했던 경험을 목록으로 만들어 가방에 넣고 다니는 것도 나 자신을 바꾸는 좋은 방법입니다. 부정적인 면에 집착하는 나를 발견했을 때 그 목록을 꺼내 읽어 보고 다른 장점을 찾아 적어 넣을 수도 있습니다. 내가 가진 긍정적인 면은 쌍안경의 초점을 다시 맞추어야 발견할 수 있습니다. 초점 다시 맞추기는 그릇된 습관을 고치는 좋은 방법입니다.

- 나는 나의 긍정적인 면에 초점을 맞춘다.
- 나는 나를 좋아하고 존경한다.

감정을 드러내지 못하고
숨기는 나

가끔 우리는 남들이 나를 따르지 않고, 이해하거나 받아들이지 않을까 봐 두려워서 내 감정을 억누르거나 부인하곤 합니다. 하지만 우리가 진정으로 느끼는 것이 무엇인지를 존중하고 인정해야만 그런 억눌림에서 벗어나 한 발짝 앞으로 나아갈 수 있습니다. 그런데 아직까지도 "여자들은 너무 감정적"이라거나 "저 여자, 생리 중이야?" 같은 비난을 듣는 경우가 많아서 속마음을 내보이고 나누기를 두려워하지요. 그래서 솔직하고 깊은 감정을 표현하고 탐색하는 데 많은 용기가 필요합니다. 우리를 유혹하는 '부정적인 생각이라는 괴물'을 거부하려면, 우리에게 속마음을 표현할 의무와 권리가 있다는 걸 자주 상기해야 합니다.

　사람의 육체가 느낌을 통해 치유된 사례들이 많이 있습니다. 예를 들어 수두나 홍역 같은 병도 얼마간 앓고 나야 항체가 만들어지는 것처럼 우리 몸도 직감적으로 그 병을 앓고 나야 낫는다는 걸 알아차립니다.

　마음의 병도 똑같습니다. 감정을 느끼고 표현하고 그것을 통해 배우고 나을 수 있게 해 주어야 마음의 병을 이겨낼 수 있습니다.

- 나는 내 속마음을 알고 느낄 용기가 있다.
- 나는 좋건 나쁘건 내 마음을 느낄 권리가 있다.
- 나는 내 마음을 적극적으로 표현한다.

스스로 싫어하는 행동을
하게 되는 나

어른이 되고 나서 하는 일의 대부분은 우리가 어떻게 되고 싶은지를 다시 선택하는 것입니다. 우리들 대부분은 완벽한 유아기를 보내지 못했습니다. 설령 우리가 여전히 유아기의 부정적인 태도와 사고방식이라는 거미줄에 걸려 있다고 해도, 스스로 그 거미줄에서 벗어날 수 있습니다.

제니스는 예순두 살이 되어서도 어머니를 찾아갈 때마다 방어적이었고 죄책감을 느꼈습니다. 그녀가 오래된 거미줄에서 벗어날 수 있도록 제가 물어보았습니다. "어머니를 찾아갈 때 당신은 몇 살이었나요?" 제니스는 잠시 생각하더니 "반항하는 열두 살이요!" 하고 대답했습니다. "그러면 당신은 몇 살이고 싶으세요?" 그랬더니 그녀는

"자신감 있는 예순두 살이 되고 싶어요." 하고 대답했습니다.

이 대화를 통해 제니스는 어머니 집 문턱을 넘을 때마다 자기가 오십 살이나 나이가 줄어들면서 불편한 예전 방식으로 돌아간다는 것을 깨달았습니다. 덕분에 자기 내면의 어린 소녀에게 더 이상은 어머니에게 반항할 필요가 없다는 걸 이해시킬 수 있었습니다. 결과는 성공적이었어요. 삼 년 뒤 어머니가 돌아가실 때까지 두 모녀의 관계는 편안해졌으니까요. 자기가 싫어하는 행동을 하는 자기 자신을 발견했을 때는 잠깐 멈춰서 의식적으로 자기가 행동하고 반응하고 싶은 방법을 선택할 수 있습니다. 지금의 우리는 과거라는 쇠사슬에 묶여 있지 않습니다. 지금 우리에게는 우리가 되고 싶은 사람을 다시 선택할 힘이 있습니다.

- 나는 묵은 사고방식이 드러나는 것을 알아차릴 수 있고, 그것으로부터 자유로워질 수 있다.
- 나는 유아기 때 좋았던 기억에는 감사하고, 고통스러운 기억은 놓아 버린다.
- 나는 내가 되고 싶은 사람이 될 수 있는 힘이 있다.

알 수 없는 두려움에
사로잡힌 나

　우리는 어쩌면 비정상적인 두려움조차 안고 살아가야 한다고 생각하고, 이를 악물고 참고 있을지도 모릅니다. 하지만 뿌리도 없고 상황에도 맞지 않고 명확한 근거조차 없는 두려움에 휩싸일 때조차 무조건 참아야만 할까요? 그렇지 않습니다! 오히려 더 건강하게 풀어갈 수 있는 방법이 있습니다.

　우리는 스스로에게 아주 귀중한 선물을 주어야만 합니다. 그 선물이란, 종잡을 수 없는 두려움을 탐색하는 시간을 갖는 것을 말합니다. 물론 생소한 것은 너무 두려워서 그 원인을 짐작할 수밖에 없고, 정면으로 마주하는 데는 엄청난 용기가 필요합니다. 하지만 용기를 낸 만큼 자유로움을 얻을 수 있습니다. 두려움을 의식적으로 다루어

야만 어떻게 이겨낼 수 있을지도 알게 되고, 자유로움이라는 선물도 받을 수 있습니다. 두려움을 의식적으로 자각해야만 치유의 방법도 찾을 수 있는 것입니다. 두려움이 숨겨져 있는 동안에는 누구라도 그것에 사로잡혀 옴짝달싹 할 수 없기 때문입니다.

우리가 느끼는 두려움의 뿌리는 대개 유년 시절의 경험에서 비롯되는 경우가 많습니다. 그 두려움을 다시 발견해 가는 동안 어린아이와 같은 감정을 느끼게 되는데, 그럴 때 감정적인 지지를 구하는 것은 의존적이기보다는 오히려 지혜로운 것입니다. 위험을 감수하면서까지 어디서부터 시작된 것인지 그 뿌리를 알 수 없는 두려움을 찾아낼 용기를 내기 위해서는 안전한 환경이 가장 좋습니다. 안전함을 느낄 수 있고, 나의 취약한 부분까지도 믿고 내보일 수 있는 사람이나 모임을 찾는 것도 좋습니다. 누군가에게 손을 내밀어 도움을 구해도 괜찮습니다. 아니, 오히려 꼭 필요한 일이지요.

- 나는 나를 보살피고 지지해 줄 완벽한 사람들을 내 삶에 초대한다.
- 나는 나의 두려움을 찾아낼 용기가 있다.
- 나는 나를 두려움에서 벗어나게 해 줄 안전하고 보호받는 환경을 만든다.

우울증에 시달리는 나

우울증은 여자들의 고질병입니다. 우울증은 우리를 뒤덮는 안개와 같아서 우리가 느끼는 것의 실체를 보지 못하게 가로막습니다. 그러나 우울증이라는 영어단어 depression에서 알파벳 de를 ex로 바꾸면 'expression, 표현'이란 단어가 됩니다. 우리가 힘겹다고 느끼는 부분을 적극적인 태도로 표현하지 않으면, 우울증에 걸리기 쉽습니다. 쉽게 말하면 '눈물 없이 우는 상태'가 되는 것입니다.

우울증은 대부분 '자신을 향해 투사하는 분노'입니다. 따라서 우울하다고 느낄 때는 마음 깊이 느끼는 진짜 감정이 분노가 아닌지 확인해 봐야 합니다. 분노는 자연스러운 감정입니다. 자기 자신에게 "지금 뭔가가 옳지 않다."고 얘기하는 방법이니까요. 그런데 문제는 여자들이 '분노는 좋지 않은 것'이라는 가르침을 너무 자주 받아왔다는 것입니다.

베티는 청소년기에 분노라는 감정 때문에 호되게 당했던 경험이 있습니다. 어느 날 옷장으로 다가가다가 여동생이 바닥에 흘려놓은 것을 밟아서 하마터면 넘어질 뻔했습니다. 자기도 모르게 순간적으로 욕이 튀어나왔는데, 그걸 어머니가 들으셨던 거예요. 베티는 화를 낸 벌로 정말로 가고 싶었던 댄스파티에 못 가게 되었고, 어머니는 그날 내내 그녀에게 한 마디도 말을 건네지 않았습니다. 베티는 비슷한 일을 몇 번 더 겪으면서 거절과 벌을 피하기 위해 분노감을 속으로 삼키는 법을 배우게 되었습니다.

너무나 막연해서 내 감정을 정확히 알 수 없을 때가 진짜 우울한 것입니다. 내 마음을 제대로 알고 잘 다스리려고 노력한다면, 그때의 감정이 기쁨이건 분노건, 아주 건강한 치유 과정에 있는 것입니다. 분노의 감정에 길들여지는 상황을 극복하고 내 감정을 적극적으로 표현하는 법을 배우겠다는 용기를 갖는 것이야말로, 우울증의 구덩이를 벗어나게 해 줄 가장 튼튼한 사다리입니다.

- 나는 가끔씩 분노를 느끼지만, 그래도 좋은 사람이다.
- 나는 나의 내면의 아이가 감정을 표현할 수 있게 허락한다.
- 나는 나의 분노를 건설적으로 다스릴 용기가 있다.

기분이 자주 가라앉는 나

가끔씩 기분이 저기압이 되나요? 한 발 앞으로 내디디기조차 어려운가요? 세상 모든 짐을 다 어깨에 짊어진 것 같은가요? 하지만 아주 간단한 몸짓언어만으로도 다시 기운을 차릴 수 있습니다. 우리의 몸과 마음은 아주 강하게 연결되어 있기 때문에 착 가라앉은 것 같은 기분이어도 얼마든지 끌어올릴 수 있습니다.

내가 우울하면 내 몸이 내 마음을 읽고, 내 자세를 통해 내 기분이 어떤지를 해석합니다. 축 처진 어깨, 푹 수그린 머리, 내리깐 눈, 힘없이 질질 끄는 걸음걸이……. 그런데 재미있는 것은 반대로 내 마음도 내 몸을 읽을 수 있다는 것입니다. 나에게는 내 몸을 완벽하게 통제할 수 있는 힘이 있습니다. 눈은 위를 향하고 몸은 곧추 세워서 당당하게 걸으면, 더 이상은 우울한 기분에 빠져 있을 수 없게 되지요.

실험 삼아 우울하고 축 쳐진 것 같은 자세를 취해 보세요. 고개도 숙이고 배에도 힘을 빼보고 어떤 기분이 드는지 살펴보세요. 기분과 자세가 같은가요? 그런 다음 들뜬 기분을 느껴 보세요! 바로 앉거나 키가 커 보이게 등을 곧게 펴고 서 보세요. 고개를 당당히 들고 위쪽을 바라보세요. 기분이 어떤가요?

실제로 몸과 마음은 사이가 좋아서 서로 말을 잘 듣습니다. 그래서 위를 보고 똑바로 서면 기분도 긍정적으로 끌어올릴 수 있습니다.

- 나는 위를 보고 자세를 곧게 펴서 내 기분이 좋아지게 할 수 있다.
- 나는 긍정적이며 희열감을 느끼고, 에너지가 넘친다.

자존감이 낮은 나

가끔 남보다 내가 가치 없다고 느껴질 때가 있습니다. 초보치료사 시절, 저는 저보다 훨씬 지혜롭고 유능했던 선배가 상담 치료를 받는 다는 사실에 깜짝 놀랐습니다. "어떤 문제를 상담하세요?" 하고 물었더니 선배는 "음, 개인적인 가치에 대한 감정 같은 거랄까. 너도 알잖아, 우리 모두 다루고 있는 문제와 똑같아." 하고 대답했습니다.

선배의 대답은 비록 우리가 사실이 아니길 바란다 할지라도, 우리 자신에 대한 노력에는 끝이 없다는 걸 분명히 보여 주었습니다. 우리는 죽을 때까지 자기 자신을 존중하는 마음을 잃지 않으려는 용기를 가져야 합니다.

우리는 살아 있는 것만으로도 가치 있는 존재입니다. 하지만 그 가치를 느끼는 것은 우리 내면의 몫입니다. 우리가 자신을 어떻게 대하고 있고 어떻게 말하고 있는가를 통해 자신의 가치를 확인하는 것이 바로 우리의 임무입니다. 다른 사람들이 아무리 칭찬하고 지지해 줘도 우리 내면이 자신을 가치 없는 존재라고 생각한다면, 남들이 하는 칭찬은 우리에게 아무런 영향을 주지 못합니다.

여러분도 자기 자신에게 무슨 말을 하고 있는지 한 번 살펴보세요. 자존감을 높여 주고 있나요? 자신을 가치 있는 사람으로 대하고 있나요? 나 자신과 나의 행복을 최우선으로 생각하고 있나요?

그렇지 않다면, 눈을 감고 마음속으로 나 자신에게서 한 발짝 물러나 보세요. 조금 떨어져서 보는 '나'에게 어떤 감정이 드나요? 지지해 주고 싶고 사랑하는 마음이 든다면, 훌륭합니다. 자신에게 얼마나 감사하고 있고, 얼마나 가치 있게 생각하고 있는지 말해 주세요. 만약 지지하고 싶은 마음이나 사랑이 느껴지지 않는다면, 실제 인물이든 상상의 인물이든 아주 멋진 여인을 마음속으로 들여보내서 사랑하고 인정하게 해 주세요. 그리고 그 여인이 받은 인정과 사랑을 여러분 것으로 삼으세요.

• 나는 소중하고 가치가 있다.

• 나는 자존감을 살리고 격려하는 태도로 나 자신을 대한다.

5
가장 좋은 친구는 바로 나 자신이야

자기 자신에게 낯선 사람은 다른 사람들과의 사이도 멀다.
앤 머로우 린드버그

지금까지 우리가 여자로서 받아온 교육의 본질은 남을 위해 희생해야 한다는 것이었습니다. 그 과정에서 우리는 늘 우리와 함께인 한 사람의 우정을 잃게 되지요. 바로 '나 자신'입니다. 친구란 우리가 만족스러운 삶을 누리는 데 필요한 지지와 인정, 즐거움과 이해, 보살핌을 주는 존재입니다. 그래서 좋은 친구는 상냥한 거울 역할을 하면서 장점은 비춰서 축하해 주고 약점은 용인해 줍니다. 우정 없이는 우리의 삶이 너무 단조로워지고, 진짜 나를 찾아가는 길도 너무 험난해집니다.

만약 스스로를 좋아하는 것이 이기적이고 자기중심적이라고 생각된다면, 나 자신과 친구가 되기 위해 먼저 그 생각부터 바꿔야 합니다. 변화는 언제나 용기를 요구합니다. 더 이상 나 자신의 가치를 평가절하하지 않고 진정으로 소중하게 여기기로 결정하는 것은, 중요한 삶의 결단입니다. 나 자신을 믿음직한 친구로 여기는 것은 기쁨, 성장, 치유를 위해서도 반드시 필요합니다. 스스로에게 격려해 주는 다정한 친구가 되어 함께 시간을 보내는 것이 나 자신과 행복한 관계를 만드는 비결입니다.

완벽주의 때문에
자신을 괴롭히는 나

많은 여자들이 스스로를 책망하면서 자신에게 무거운 벌을 지우려고 합니다. 우리 내면에 있는 판사가 가벼운 실수에도 시베리아 혹한에서의 중노동 같은 중벌을 내리곤 하는 것이지요. 하지만 그런 대우는 우리에게 너무 가혹합니다. 자기 자신에게 지나치게 가혹하게 구는 것에서 벗어나기 위해서는 내면의 지혜로운 인도자의 안목이 필요합니다.

아만다는 청소년기에 반항적이었고 마약과 문란한 생활을 했습니다. 하지만 어른이 되어서는 에티켓의 모범사례가 되었지요. 그래서 그녀를 잘 모르는 사람들에게는 차분하고 자신감 있는 여자로 보였지만, 가족들은 그녀의 완벽주의를 잘 알고 있었습니다. 그녀는 무슨 일이든 자기가 말한 대로 되어야 하고, 자기 마음대로 해야 직성이 풀리는 성격이어서 하려던 일에 조금만 차질이 생겨도 잠도 못 자고 먹지도 못할 정도였지요.

사춘기에 저질렀던 행동에 대한 죄책감 때문에 아직도 스스로를 잡아먹을 것처럼 구는 것이었습니다. 곧게 버티고 앉은 내면의 판사가 그녀의 머리를 망치로 계속해서 내리치고 있었기 때문에 자기 주변을 완벽히 통제를 해야만 비로소 자기 내면의 판사를 조용히 시킬 수 있었던 것입니다.

우리 내면의 가혹한 판사를 다정한 치료자로 바꾸려면, 내면의 판사가 나에게 무슨 말을 하고 있는지를 알아야 합니다. 우리가 잘잘못만 따지는 내면의 목소리에만 마음을 쓰면, 다른 메시지에는 귀를 기울일 수 없습니다. 죄책감과 벌은 두려움을 느끼게 하지만, 관대하고 이해심 있는 메시지는 배우려는 자세와 분위기를 만들어 줍니다.

우리 내면에 있는 판사의 가운을 벗기고 죄책감의 수갑을 풀면, 다른 사람들을 더 관대하고 다정하게 대할 수 있게 되어 더욱 사랑받는 존재가 될 수 있습니다.

- 나는 비록 실수도 하지만, 그럼에도 가치 있고 능력 있는 여자다.
- 나는 나의 가장 친한 친구다.
- 나는 나의 진가를 알아보고 사랑한다.

나 자신을
방치하고 사는 나

정원 가꾸기는 사람들의 영혼을 풍요롭게 합니다. 사람들은 꽃, 채소, 나무에 물과 양분을 주고 잡초도 뽑아 주며 정성껏 보살피고, 자주 말도 걸어 줍니다.

특수 기법으로 촬영해 보았더니 식물도 듣는 말에 따라 다르게 반응한다는 것이 밝혀졌습니다. 부드럽게 달래듯 말을 걸면 식물 주위의 에너지가 올라가면서 밝아지고 말하는 사람 쪽으로 몸을 기울입니다. 반대로 가혹한 말을 하거나 위협적으로 다가가면 에너지가 떨어지고 주변의 색도 어두워지면서, 위협을 느끼는 곳으로부터 되도록 멀리 기울어지는 것을 볼 수 있습니다.

여러분은 내면의 정원을 어떻게 가꾸고 있습니까? 친절하게 가꾸

고 있나요? 인내심을 발휘하여 가지치기를 하고, 꽃을 피우고 열매를 맺는 식물의 능력을 북돋아주며 고마워하고 있나요?

나와 같은 꽃은 어디에도 없습니다. 우리는 저마다 독특하고 아름다우며, 극진한 보살핌을 받을 가치가 있는 존재들입니다. 연민이 깃들어 있는 내면의 환경은 스스로를 더 순조롭고 더 아름답게 꽃 피우도록 도와줍니다.

마음의 눈으로 꽃의 이미지를 그려 보세요. 그 꽃은 나 자신의 일부이고, 나의 감탄과 보살핌을 갈망한다고 상상해 보세요. 여러분이 주전자로 꽃에 물을 주는 모습을 상상해 보고, 상쾌한 물을 빨아들이려고 고개를 드는 꽃의 모습을 그려 보세요. 뿌리에 기운이 돋고 힘이 되는 물을 감사히 빨아올리는 것을 느껴 보세요. 나라는 꽃이 잘 자라도록 격려하고 보살펴 주는 느낌을 스스로 만끽해 보세요.

- 나는 헌신적으로 내면의 정원을 가꾼다.
- 나는 조심스럽고 용기 있게 내 인생에서 나를 제한하는 믿음과 행동을 잘라낸다.
- 나는 날 때부터 지녀온 나만의 진정한 아름다움의 가치를 알아본다.

나 자신에게 끊임없이
상처 주는 나

우리는 얼마나 자주 자신을 칭찬합니까? 또 얼마나 자주 자신을 비판합니까? 칭찬은 에너지를 만들지만, 비판은 몸과 마음을 쇠약하게 만듭니다.

상담 치료를 시작한 지 일 년이 지났을 때 메그는 "나는 일 년 동안 아무것도 이루지 못했어."라고 한탄했습니다. 하지만 저는 그녀가 엄청나게 훌륭한 일을 해냈고, 멋지고 용기 있는 방법으로 치유됐다고 생각했습니다. 그런데도 메그는 툭하면 자아비판을 하곤 했습니다. 저는 그녀에게 칭찬스티커를 주고, 지난 일 년 동안 내적으로나 외적으로 이룬 것들의 목록을 작성해서 별 스티커를 하나씩 붙여 보라고 했습니다.

그 다음 주에 만난 메그는 자기가 그렇게 많은 별을 붙일 수 있을 줄은 몰랐다며 무척 놀라워했습니다. 단지 자아비판을 칭찬으로 바꾼 것뿐인데 태도까지도 완전히 달라진 것입니다. 그녀는 이전보다 더 자주 웃었고 더 즐거워했으며, 에너지와 기운이 넘쳐 보였습니다.

자기 자신에게 좋은 친구가 된다는 것은, 지나친 비판으로 자기 자신에게 상처를 주는 행동을 멈출 용기를 갖는 것이자 스스로 칭찬하고 축하하는 법을 배우는 일입니다. 나 자신에게 칭찬스티커를 붙여 주는 습관을 들이면, 그 칭찬 덕분에 힘을 얻을 수 있습니다.

- 내가 행동하고 생각하고 말하는 좋은 것들에 관해,
  나 스스로 칭찬하고 축하한다.
- 나는 지금의 나와 앞으로 내가 되어갈 미래의 나를 스스로 축하한다.
- 나는 칭찬스티커를 받을 자격이 있다.

남들보다
못해 보이는 나

만약 우리가 늘 다른 사람과 나를 비교하는 상황을 만든다면, 그것에 희생되는 것은 바로 나의 자신감입니다. 나보다 영리하고 날씬한 사람, 나보다 창의적이고 예쁜 사람, 나보다 어린 사람은 언제든지 있을 것이기 때문입니다. 누구나 스위스 치즈처럼 구멍이 숭숭 나 있지만, 정작 부족한 면은 그 구멍이 아니라 다른 곳에 있습니다.

회복 중인 완벽주의자라고 할 수 있는 저는 면이나 실크 의류에 적혀 있는 설명서 내용을 제 좌우명으로 삼기로 했습니다. "이 옷감은 100퍼센트 자연섬유로 만들었습니다. 변형이나 불규칙은 결함이 아니며, 오히려 옷감의 아름다움을 높여 줍니다."

이 문구야말로 우리 자신을 바라보는 완벽한 시각이 아니고 무엇이겠습니까? 내 결함이 곧 나의 아름다움을 높여 준다는 말은, 스스로 변화하고 나날이 발전하며 최선을 다하는 걸 멈추겠다는 말이 아닙니다. 오히려 나 자신이 100퍼센트 자연조직으로 이루어졌다는 것을 축하한다는 뜻이고, 그것이 바로 변신 가능한 긍정의 조건이 된다는 것이지요.

눈을 감고 나 자신을 자연재료로 창조된, 독창적이고 가치를 매길 수 없을 만큼 위대한 걸작이라고 상상해 보세요. 지금 '있는 그대로의 나'라는 걸작을 감탄하며 바라보세요. 여러분의 지혜로운 잠재의식이 멋진 걸작을 보여 주었습니다. 그 걸작을 보는 여러분의 생각과 감정을 적어 보세요. 독창성에 감사하며, 있는 그대로의 그 모습에 감사하세요.

- 나는 지금 그대로의 나를 받아들인다.
- 나는 나 자신과 나의 부족한 점에 감사한다.
- 나는 나라는 걸작이 아름답게 변신하는 걸 허락한다.

나 자신을
사랑하기 힘든 나

비록 드물지만, 순수한 자기 사랑은 무척 소중합니다. 자기 사랑, 즉 자애란 절대 이기심이나 자만심이 아닙니다. 그보다는 더 좋은 사람이 되도록 스스로 지원하고 환대하는 내적 환경의 창조물입니다.

첫 결혼의 실패는 고통스러웠지만 제 인생에서 가장 큰 깨달음을 준 사건이었습니다. 이혼 후 아픔을 치유하는 과정을 통해 제가 지나친 자아비판 속에서 살면서 남들도 사랑할 수 없는 존재로 나 자신을 만들어왔다는 걸 깨달았습니다. 나의 삶에도 사랑이 필요했고, 나 역시 사랑을 하고 싶었기 때문에 나 자신을 사랑하기로 약속했습니다.

자아비판을 자기애로 바꾸는 과정은 너무도 괴로웠습니다. 나 자신을 사랑한다고 생각하는 것이 너무 부자연스러웠습니다. 하지만 용기를 냈고 마음을 열었지요. 그러자 나와 가족은 물론, 상담자들에게도 기대 이상의 결과가 나왔습니다. 나는 과거에나 지금이나 변함없이 사랑받을 수 있는 존재였는데 스스로 그렇지 않다고 생각해서 지금껏 느껴보지 못한 사랑을 비로소 맛볼 수 있게 된 것입니다.

매일 아침 거울에 비친 여러분의 모습을 보면서 이렇게 말해 보세요.

"나는 오늘 (여러분의 이름 ○○○)에게 좋은 친구가 되어 줄 거야. 사랑해."

자기애를 이해하고 받아들이기가 어려운 사람들에게는 조금 불편할지도 모르겠습니다. 하지만 불편함을 떨치고 어떻게든 해보겠다고 용기를 내면 사랑과 힘, 마음의 평화를 이끌어올 수 있는 좋은 내적 환경이 만들어지고, 우리 삶에 기적이 일어납니다.

- 나는 나 자신을 사랑하겠다는 의지를 가질 만한 의지가 있다.
- 나는 나 자신을 사랑할 의지가 있다.
- 나는 나 자신을 사랑한다.

칭찬받는 게 불편한 나

여자들은 오랫동안 겸손해야 하고 자기를 내세우면 안 된다고 배워왔기 때문에 남한테 인정받는 것을 불편해합니다. 저 역시 그랬습니다. 첫 번째 책이 출판되고 나서 일 년쯤 지났을 무렵, 글쓰기 관련 세미나에 참석한 적이 있습니다. 그때 한 참가자가 자기소개 시간에 제 책을 칭찬하기 시작했습니다. 그녀의 칭찬을 듣고 있는 동안 저에게는 수많은 감정이 교차했습니다. 감사와 긍지 같은 긍정적인 감정뿐 아니라, 어이없게도 극심한 두려움과 이상한 나라의 앨리스라도 된 것처럼 쥐구멍이라도 있으면 숨어 버리고 싶을 정도로 부정적인 감정들이 저를 공격하는 것을 느꼈습니다. 그것은 너무나 어이없고 기가 막힌 경험이었습니다.

앨리스처럼 제가 너무 튀는 것 같았고 어떤 표정을 지어야 할지, 어떻게 대답해야 할지 난감했습니다. 몸은 뻣뻣하게 굳었고, 어색해서 미소조차 지을 수 없을 정도였지요. 저는 그때 공포감에 떨고 있었던 것입니다. 그런데 진짜로 공포에 떨었던 사람은 과연 누구였을까요? 그것은 바로 "아, 이를 어쩌지. 내가 뭘 잘한다고 하면, 저 사람들이 날 질투하고 싫어할 거야." 하고 생각하는 제 내면의 십대 청소년이었습니다.

어떤 상황에서 격한 감정을 느꼈을 때, 우리는 "이 감정은 누가 느끼는 거지?" 하고 자신에게 물어보는 것만으로도 그 감정을 어느 정도 가라앉힐 수 있습니다. 그런 다음, 우리 내면의 어린아이에게 좋은 친구가 되어 주세요. 지금 당장 그 아이가 나에게 원하는 것이 무엇인지 물어보고, 그가 원하는 것을 주는 겁니다. 글쓰기 세미나에서 제 내면의 청소년에게 필요했던 것은 제가 남들에게 인정받는다고 해도 그것 때문에 질투받거나 거절당하는 이유가 되지는 않는다는 걸 확인시켜 주는 것이었습니다. 누구나 인정과 사랑, 포용을 동시에 받을 수 있습니다.

남들이 인정해 주는 것을 있는 그대로 받아들인다는 것은, 자기감정을 숨기거나 억누르지 않고 용기를 내는 것을 말합니다. 자기 자신이 자랑스러우면서도 괜히 겸손해야 한다는 생각에서 벗어나야 하는 것이지요. 만약 내가 성공했다면, 내가 해낸 일에 대해 찬사 받는 건 당연한 것이니 두려워할 이유가 전혀 없습니다.

- 나는 소중하고 가치 있는 사람이다.

- 나는 인정과 찬사를 받을 자격이 있다.

- 나는 나 자신을 인정하고 칭찬할 용기가 있다.

쉬지 않고
달리기만 하는 나

시간을 들이고 에너지를 쏟아 부어야 할 일들이 넘쳐날 때는, 휴식이나 안정을 취하기가 쉽지 않습니다. 자기 자신에게 친구가 되어 줄 수 있는 가장 좋은 방법 중 하나는 나의 육체와 감정, 영혼이 하는 소리에 귀를 기울이고, 다시 활력을 되찾기 위해 쉬는 것입니다.

자동차에는 기름이 떨어졌을 때 켜지는 빨간색 경고등이 있습니다. 우리도 스스로에게 진심으로 귀를 기울이면 "도와줘! 지금 난 기운이 빠졌어." 하는 내면의 소리를 들을 수 있습니다. 하지만 이런 메시지를 듣고도 무시할 때가 많은 것이 늘 문제입니다.

자신에게 좋은 친구가 되어 준다는 것은, 주유 경고등이 들어오면 기름을 넣으려고 신경을 쓰는 것과 같습니다. 우리 모두에겐 휴식과 안정이 필요합니다. 에너지가 넘치고 함께 사랑을 나누는 사람이 되려면, 자기가 진이 빠졌다는 사실을 인정할 수 있어야 합니다.

여러분이 편안하다고 느끼는 장소나 활동의 목록을 적어 보세요. 그것이 수다 떨기나 산책 같은 것일지도 모릅니다. 어쩌면 조용히 음악을 감상하거나 아무것도 하지 않고 멍 때리는 것일 수도 있습니다. 다른 사람들 때문에 나만의 특별한 시간을 빼앗기지 않으려고 용기를 내는 것이 나 자신에게 좋은 친구가 되어 주는 방법입니다. 그래서 하루 중 일정한 시간을 정해 놓고 나만의 독특한 방법으로 쉴 수 있도록 스스로 배려해야 합니다. 기름을 언제 채워 넣어야 할지는 오직 나만이 알 수 있는 것이니까요.

- 나는 휴식과 안정을 누릴 자격이 있다.
- 나는 휴식과 안정으로 에너지를 충전한다.
- 나는 휴식을 취하고 안정되었을 때 나와 남을 더욱 사랑할 수 있다.

나의 단점이 부끄러운 나

가끔 나에게 나타나는 다양한 모습을 받아들이기 어려울 때가 있습니다. 부인하고 싶거나 무시하고 싶은 부분도 있기 때문입니다. 그러나 내 모습을 있는 그대로 솔직하게 받아들여야만 내가 달라질 수 있습니다.

우리는 저마다 특별한 다이아몬드입니다. 나와 똑같은 사람은 세상 어디에도 없습니다. 나 자신에게 좋은 친구가 되려면, 내가 가진 모든 면을 살펴보면서 현실적으로 평가해야 합니다. 아무리 어두워 보이는 면이라도 묵은 상처나 생각, 사고방식을 말끔히 씻어 내면, 다시 또렷이 빛을 반사할 수 있기 때문입니다. 자유롭게 빛을 반사하는 자신의 장점은 축하해 주고 뿌연 구름에 가려져 있는, 부인하고 싶은 면들을 조심스럽게 바꾸어 가려면 엄청난 인내와 용기가 필요합니다.

자신이 다이아몬드라고 마음 깊이 믿으려면, 눈을 감고 조심스럽게 호숫가에 서 있는 자신의 모습을 상상해 보세요. 유리처럼 맑고 고요한 물 표면에 작은 빛이 반사되자 금세 아름답게 반짝이는 빛이 되고, 이어서 호수 표면에 수천 개의 다이아몬드가 춤을 추는 모습이 펼쳐집니다.

그 빛이 여러분에게로까지 확장되는 모습을 그려 보세요. 여러분과 호수 전체가 하나의 거대한 다이아몬드가 되어 여러분 주위로, 즉 가족과 친구와 지구 전체로까지 빛과 사랑을 반사하고 있다고 느껴 보세요.

- 나는 나 자신을 귀중한 다이아몬드로 여긴다.
- 나는 조심스럽게 내 존재의 모든 면을 살펴보고, 그 모든 것을 사랑한다.

필요하다는 말을
하지 못하는 나

여자들은 남들은 잘 보살피면서도 정작 자신이 보살핌을 받아야할 때는 남에게 손을 내밀지 못합니다. 베푸는 데는 익숙하지만 받는 것은 이상하거나 옳지 않은 것처럼 여기는 것이지요. 제 어머니가 말기 암 진단을 받았을 때 저는 누군가에게 흠씬 두들겨 맞은 것 같은 기분이었습니다. 그런데도 이미 일정이 잡혀 있던 당일 워크숍에 어쩔 수 없이 참석해야 했습니다. 저는 거기서 제일 좋아하던 작가가 소개되는 것을 보고 너무나 반가웠습니다. 그녀의 책을 읽을 때마다 큰 감동을 받았기 때문에 그 작가와 저 사이에 어떤 연결고리가 있는 것처럼 느껴져서 직접 인사를 나누고 싶어졌습니다. 하지만 너무 큰 아픔을 겪고 있어서 그랬는지 그녀가 날 좋아하지 않을까 봐 선뜻 나서지를 못했습니다.

　그때 저는 "수, 너는 지금 너 자신에게 어떻게 좋은 친구가 되어줄래?" 하고 자문해 보았습니다. "도전! 필요하고 원하는 것을 요구해!" 대답은 분명했습니다. 저는 주저하면서도 그동안 그녀의 책이 제게 얼마나 중요했는지를 말했고, 제 어머니가 곧 돌아가시게 생겨서 제가 그녀에게서 위로받고 싶은데 그래도 괜찮을지를 물어보았습니다. 그러자 그녀는 친절하게도 "오늘은 기꺼이 당신의 친구가 되어 드릴게요." 하고 대답해 주었습니다. 저는 그날 온종일 그녀의 곁에서 지낼 수 있었습니다. 나에게 필요한 것을 요청할 용기를 내자 예상했던 것보다 더 큰 선물을 받을 수 있었던 것입니다.

　우리에게는 필요하고 원하는 것을 요구할 권리가 있습니다. 우리가 그것을 요구할 용기만 가진다면, 다른 사람들은 오히려 우리를 도울 수 있다는 것만으로도 감사해하고 영광스럽게 여길 것입니다.

　• 나는 내가 원하는 것과 나에게 필요한 것을 가질 자격이 있다.

　• 나는 내가 원하는 것과 나에게 필요한 것을 요구할 용기가 있다.

　• 나는 힘든 시간을 보내고 있을 때에도 나 자신을 인정하고 사랑한다.

6
스스로 결정하는 게 용기야

의심이 들 때는 가만히 기다려라.
더 이상 의심이 남아 있지 않을 때 비로소 용기를 내어 앞으로 나아가라.
옅은 안개가 당신을 에워싸고 있을 때에는 가만히 있어라.
햇살이 옅은 안개를 뚫어 없앨 때까지. 꼭 그렇게 될 테니까.
그 뒤에 용기를 품고 행하라.
화이트 이글

　용기 있게 자기 자신으로 살아갈 수 있는 가장 효과적인 방법은, 좋은 선택을 하는 것입니다. 어떤 사람이 독자적으로 본래의 자기 모습을 보여 주는 행동과 태도를 선택한다면, 그 사람은 내부 지향적인 사람입니다. 어떤 결정을 내리거나 의견을 갖기 전에 자기보다 남들에게서 먼저 확인을 받는다면, 그 사람은 외부 지향적인 사람입니다. 우리가 어떤 결정을 내리는 걸 어려워하는 이유는 다른 사람들이 나보다 지혜롭다고 믿도록 배워 왔기 때문입니다. 그러나 나의 인생의 도면을 갖고 있는 사람은 바로 나 자신입니다. 그렇기 때문에 스스로 결정할 수 있는 용기가 반드시 필요합니다. 그래야 나의 삶이 진심으로 나의 본질을 대표하고 있다고 확신할 수 있습니다. 나의 선택이 모두 완벽하지는 않겠지만, 내 삶이 내 것이라면 조심스럽게 인내심을 가지고 그 과정이 옳다고 믿어야 합니다.

매사에 비관적인 나

나는 낙천주의와 열정으로 가득한 고상한 태도로 살겠다는 선택을 할 수도 있고, 맥 빠진 삶을 살겠다는 선택을 할 수도 있습니다. 여러분은 순수하고 명확하며 의기양양한 태도를 지니고 있습니까? 아니면 어둡고 뿌연 스모그로 가득 차 있습니까? 내 인생을 어떻게 보는가는 나 자신에게 달려 있습니다. 전망이 마음에 들지 않을 때, 그것을 변화시킬 용기와 능력도 바로 나 자신에게 있다는 말입니다.

때때로 비관주의자는 너무 흥분하지도 순진하지도 열정적이지도 말라고 비관적인 경고를 던져서 우리의 어깨를 무겁게 만듭니다. 그러나 그런 수준 낮은 태도는 우울하다 못해 지루하기까지 합니다. 내 생각을 바르게 알고, 부정적인 생각 대신 긍정적인 생각을 한다면 나의 태도를 바꿀 수 있습니다.

여러분이 정말로 아름다운 산의 꼭대기에 있다고 상상해 보세요. 너무 밝아서 셀 수 없을 만큼 많은 완벽한 다이아몬드가 햇빛을 반사하는 것을 느껴 보세요. 맑은 공기 속에서 그 빛을 쬐어 보세요. 눈앞에 펼쳐진 환상적인 광경에 그대로 몸을 드러내고, 자신이 확장되고 밝아지는 것을 느껴 보세요. 그리고 여러분의 삶에 "Yes!"라고 말하세요. 긍정적이고 강력하고 사랑스러운 태도들을 모두 받아들이고 뿜어내는 걸 느껴 보세요.

여러분에게 에너지 넘치는 열정이 있든 매순간 무기력하든, 여러분이 낙천주의자든 비관주의자든, 스스로 선택한 그 태도가 지금 여러분의 기분을 결정합니다. 여러분의 마음속에 울려 퍼지는 "Yes"라는 긍정의 단어를 가지고 열정 가득하고 가벼운 삶을 살겠다는 용기를 가져 보세요. 그것은 여러분의 선택입니다. 내 태도의 유일한 수호자는 나 자신이니, 내 태도를 선택하는 것도 결국 내 몫입니다.

- 나는 긍정적이다.
- 나는 내 삶에 "Yes"라고 말한다.
- 나는 빛이고, 다른 사람들에게 그 빛을 비춘다.

스스로 결정할 줄 모르는 나

전통적으로 사회는 여자들에게 다른 사람들의 요구를 받아 주라고 가르쳐 왔습니다. 언제나 나보다 그들이 우선이었습니다. 그래서 받는 것보다 주는 것이 더 축복이고, 나의 필요는 외면하라고 강요당해 왔지요. 그런 기존의 사고방식은 깨기가 어렵습니다. 그렇다고 해서 "나는 너랑 상관없이 내가 하고 싶은 걸 할 거야!" 하고 전투적인 자세와 이기적인 태도를 취하라는 뜻은 아닙니다. 우리가 원하는 사랑과 좋은 관계를 얻게 해 주는 '행복한 중간'이 있습니다. 여자들에게도 원하는 것이 있는 것이 당연하다는 생각이 필요합니다. 우리가 너무 오래도록 자신의 욕구를 억누르고 있었다면, 조심스레 그 욕구를 존중하는 작은 발걸음을 시작해야 합니다.

실비아는 영화광이었지만, 여러 해 동안 남편이 같이 가 줄 때에
만 영화를 보러 갔습니다. 그러다가 남편이 가든 말든 혼자서도 영화
관에 가보겠다고 차분하게 용기를 내어 보았습니다. 몇 년 전부터 그
렇게 '혼자 영화보기'를 시도했던 작은 발걸음은 결국 그녀가 스스로
어떤 일을 결정할 수 있는 사람이라는 걸 깨닫게 해 주었습니다.

우리도 마찬가지입니다. 스스로 선택할 수 있고, 나보다는 남이 먼
저라는 생각에서 벗어나겠다는 용기가 있어야 자기 인생과 인간관계
에 자유가 찾아옵니다. 따라서 우리의 욕구가 유효하다는 것과 그것
을 제대로 자각하는 것이 반드시 필요합니다.

조용히 앉아서 다른 사람에게 뭔가를 양보했던 일을 떠올려 보거
나 적어 보세요. 그리고 조심스럽지만 당당하게 하고 싶은 것을 선택
하는 자신을 상상해 보세요. 불편한 느낌이 들면, 내게도 욕구가 있
고 나한테도 필요한 게 있는 건 당연하다고 스스로 믿으세요. 날마다
스스로 "나의 선택은 무엇인가?", "지금 내가 원하는 것과 필요한 것
은 무엇인가?"를 묻는 연습을 하세요.

- 나는 스스로 결정할 권리가 있다.
- 나는 원하는 것과 필요한 것을 가질 권리가 있다.
- 나는 어떤 결정을 하는 것이 어렵지 않다.

너무 의존적인 나

우리는 자주 "이렇게 해도 되나요?" 하고 어머니나 아버지, 남편 심지어 아이들에게까지 물어보고 결정하는 경향이 있습니다. 그런데 이런 습관은 버리기가 쉽지 않습니다. 언뜻 보기에는 남의 의견을 존중해 주려는 의도처럼 보이지만 실제로는 자기 의견에 자신이 없어서 남들에게 의존하려는 태도이기 때문입니다. 지금은 스스로 결정하고 개인적인 선택권을 누리는 데 유례없이 많은 기회가 널려 있는 시대입니다. 누군가에게 정서적으로 기대던 것에서 벗어나면, 나 자신 말고는 어느 누구도 나의 내면의 가치와 자신감, 독립심을 채워 줄 수 없다는 것을 배울 수 있습니다.

때로는 정서적으로 남들에게 기대어 살아가는 것도 괜찮다는 생각도 들고, 남자들의 보호와 돌봄을 받고 싶어질 때도 있습니다. 믿을 것이 나 자신뿐이라는 사실이 너무 두렵기 때문이지요. 하지만 반대로 자신이 독립적이고 자신감 넘치며 자신을 통제할 수 있다는 것을 깨닫게 되면, 오히려 훨씬 더 자유로워집니다. 여자들은 모두 성숙해져야 하고, 언젠가는 스스로를 책임져야 할 때를 맞이하게 됩니다. 우리는 독립적인 어른으로서 서로를 의지하면서 기쁘게 사랑할 수 있습니다.

우리가 정서적으로 성숙해지겠다는 용기를 가지고 다른 사람들이 나보다 더 잘 알 거라는 근거 없는 믿음만 버린다면, 다른 무엇도 주지 못했던 자유와 자신감을 얻을 수 있습니다. 성숙해진다는 것은 강인하고 안전하게 사는 방법입니다.

- 나는 성숙해지겠다는 의지가 있다.
- 나는 나 자신을 책임질 용기가 있다.
- 나는 나 자신에게 귀를 기울이고, 현명하게 결정한다.

남 눈치만 보면서 사는
소신 없는 나

많은 여자들이 바깥에서 답을 찾는 습관이 있습니다. 무슨 마법에라도 걸린 것처럼 내 일에 대해서조차 나보다 남들이 더 지혜롭다고 생각하면서 자기 내면의 지혜를 무시합니다. 그러다 보면 점점 자발적이지 못한 타율적인 사람이 되고 말지요. 여자들이 이렇게 행동하는 가장 큰 이유는 실수하고 싶지 않아서입니다. 다른 사람의 의견을 따랐다가 잘못되면 그 사람 탓으로 돌릴 수 있으니까 내 책임은 아니라고 생각하는 비겁한 마음이 있는 것이지요. 하지만 우리가 정말 우리 삶의 주인이 되고 싶다면, 먼저 자기 내면에 질문을 던지고 그 답을 스스로 찾아야 합니다. 설사 그 과정에서 잘못되거나 실수하게 되더라도 그럴 수도 있다고 인정하고 용기를 가져야 합니다.

저를 찾는 내담자들에게 "당신의 삶에서 변화를 시작하려면 무엇이 필요하다고 생각하나요?" 하고 물으면 대개는 "잘 모르겠다."고 대답합니다. 하지만 완벽하게 대답해야 한다는 중압감이 덜 느껴지게 "그냥 무엇일 것 같은지 한번 추측해 볼래요?" 하고 다시 물으면, 대부분 곧바로 아주 그럴싸한 '구상'을 펼쳐보이곤 하지요. 나는 나 자신의 삶에 가장 훌륭한 전문가입니다. 내가 무엇을 해야 하는지는 나 자신이 가장 잘 알고 있습니다. 단지 내가 모를까 봐, 아니면 내 생각이 틀릴까 봐 두려운 것뿐입니다. 나 자신에게 귀를 기울이고, 그 소리에 따라 행동하는 데에는 물론 용기가 필요합니다.

우리는 자기 내면에 질문을 던지는 것을 통해 자기 자신을 믿는 법을 배울 수 있습니다. 조용히 앉아서 눈을 감고 일 분간 숨쉬기에 집중하세요. 조심스럽게 여러분 내면의 지혜를 우아한 나비라고 상상해 보세요. 나비의 아름다움에 감탄하면서, 나비에게 '내 어깨에 앉아 내 귀에 너의 지혜를 속삭여 줄래?' 하고 말해 보세요. 그런 다음, 그가 들려주는 소리를 들어 보세요. 그러면 그 소리가 들려주는 결과와 보상도 받아들일 용기가 생깁니다. 내가 무엇을 원하고 있고, 나에게 필요한 것이 무엇인지는 바로 내가 알고 있습니다.

• 나는 지혜롭고 능력이 있다.

걱정거리를 붙들고 사는 나

어떤 일이건 한 번에 하나씩 차례차례 처리하면 된다는 건 상식입니다. 그런데도 많은 사람들이 내일로 달려가서 어떤 문제점을 상상하고는 지레 걱정하거나, 어제로 되돌아가 힘들었던 일들을 곱씹곤합니다. 하지만 우리는 오늘 우리 몫의 접시 위에 놓인 것에만 집중하겠다는 결정을 해야 합니다. 지금 이 순간을 사는 것, 과거나 미래에서 문제를 빌려오지 않는 것이 내 마음의 평화를 지키는 가장 현명한 선택입니다.

제 친구 남편이 위독한 상태였는데, 살 수 있다고 해도 회복이 더딜 거라는 진단을 받았습니다. 제 친구는 생각이 자꾸 과거로 되돌아가서 '이렇게 했더라면 남편이 병에 걸리지 않게 도울 수 있었을 텐데…….' 하는 후회가 밀려왔지만 그때마다 '나는 내가 할 수 있는 최선을 다했어. 미래에는 더 조심할 거야. 나는 오늘만 생각할 거야.' 하면서 자기 자신을 얼른 '지금'으로 데려왔습니다.

그 친구는 미래에 대한 공황상태에 빠질 때면 슬픔을 참지 않고 통곡하면서 마음속에 있는 것들을 다 토해내고는 다시 자신을 다독였습니다. "나는 남편이 오늘 살아 있는 것만으로도 감사한다. 나는 오늘 에어로빅을 하고 아이들에게 전화도 하고 일식당에 가서 초밥도 먹고 기분 좋은 무언가를 할 것이다. 지금 이 순간, 나는 괜찮다." 그녀는 이렇게 '현재'를 살기로 용기 있고 건강한 선택을 했습니다.

제 친구처럼 우리 모두에게는 바로 지금 이 순간을 살겠다고 선택할 권리가 있습니다. 아무리 힘들고 어려운 문제라도 하루 또는 일분 단위로 나누어 생각하면, 용기 있게 헤쳐 나갈 수 있습니다.

- 나는 현재에 산다.
- 나는 문제를 한순간씩 나눠서 접근함으로써

  이떤 일이든 용기 있게 저리할 수 있다.
- "이것 또한 지나가리라."

술중독인 남편 때문에
괴로운 나

앞으로 나아가는 모든 움직임이 그렇듯, 새로운 도전도 예상치 못한 위험을 감수해야 합니다. 많은 여자들이 두려움 때문에 위험을 피하려고 합니다. 위험을 감수하는 것은 누구에게나 두려운 일이지만, 반대로 흥미진진하고 에너지를 얻는 일이기도 합니다. 새로운 위험에 도전하면 그만큼 열정도 커지고 용기도 충전할 수 있기 때문입니다.

세이디는 여러 해 동안 남편의 술주정 때문에 힘들고 괴로웠지만, 무서워서 맞서지는 못했습니다. 남편이 창피스러울 정도라거나 폭력적인 주정꾼은 아니니까 엄청난 악영향을 끼치는 것은 아니라고 스스로를 합리화해 왔던 것이지요. 하지만 그것은 사실이 아니었습니다. 남편은 술을 마시느라 그녀에게는 신경도 쓰지 않았고, 그녀도 그런 남편을 존중할 수 없었습니다. 세이디는 믿을 만한 친구들과 이야기를 나누고, 음주 문제를 돕는 모임에 참석하기 시작하면서 자기 내면의 깊은 두려움과 마주하게 되었습니다. 만약 그녀가 남편의 음주 습관을 더 이상 견디지 못하겠다고 하면 어떤 일이 생길까요? 남편이 그녀를 떠나게 될까요? 아니면 그러든 말든 아랑곳하지 않고 계속 그녀를 무시하는 남편 때문에 결국 그녀가 떠나게 될까요?

세이디는 자기가 어쩌면 정말로 아끼는 남편을 잃고 혼자가 될지도 모른다는 두려움을 느끼고 있다는 걸 깨달았습니다. 하지만 피하지 않고 용기를 내어 '술을 끊지 않으면 더 이상 같이 살지 않겠다.'고 남편에게 말했습니다. 자기가 감수해야 할 위험을 받아들이고, 말하고 싶은 것을 연습해 왔기 때문에 그녀는 사랑의 마음을 담아 차분하게 말할 수 있었습니다. 그 결과 그녀의 남편은 술을 끊었고 지금은 음주 문제를 돕는 모임에 정기적으로 참석하고 있으며 두 사람은 요즘 가장 행복합니다. 자기 자신을 위해 위험을 감수했던 것이 그녀에게 완전히 새로운 인생을 열어 준 것입니다.

도전은 누구에게나 두렵지만, 그만큼 자존감을 높여 주고 자유라는 엄청난 보상을 가져다 줍니다. 도전은 특히 우리 내면의 아이에게 두려움을 느끼게 합니다. 하지만 조심스럽게 나만의 속도에 따라 더 나은 삶을 살기 위해서 도전은 꼭 필요합니다.

- 나는 두려움을 느낄 때에도 위험에 도전할 용기를 낸다.

- 나는 내가 도전할 때 스스로 대견하다.

- 나는 도전을 내 삶의 일부로 받아들임으로써 나 자신에게 힘을 준다.

피해의식이 심한 나

여자들은 다른 사람들의 태도나 행동을 두고 자신이 공격당했다고 느끼는 경향이 있습니다. 그들과 아무리 멀리 떨어져 있더라도 마치 자기가 그들의 목표인 것처럼 느끼는 것이지요. 그런 문제는 나 개인을 겨눈 것은 아니라는 사실을 받아들임으로써 비켜갈 수 있습니다.

많은 여자들이 마트에 갔다가 계산대 직원이 조금만 불친절해도, "내가 뭘 잘못했지?" 또는 "저 사람은 왜 날 싫어하지?" 하고 반응합니다. 자신에게 있는 어떤 점 때문에 자기가 지목 당한 거라고 여기고 의기소침해지는 겁니다. 이때 우리는 "나는 그렇게 유능하지 않다, 사람들이 늘 나한테 반응하는 것은 아니다, 그들은 자기들 인생의 무엇인가에 반응하는 것이다." 하는 점을 정확히 이해해야 합니다.

우리가 더 이상 희생당했다는 느낌을 받지 않고 죄책감도 느끼지 않아야 내 기분을 상하게 한 그 사람에게도 자비와 사랑을 보낼 수 있습니다. "저 여자, 참 안 됐네. 오늘 변비인가 봐." 하면서 수다를 떨어 보면 오히려 재미도 있고 기분까지 편안해질 수 있습니다. 우리는 이렇게 남들의 부정적인 행동에 객관적이고 가볍고 사랑스럽기까지 한 방법들로 대응할 수 있습니다.

다른 사람들의 부정적인 행동이나 반응이 직접 나를 겨냥한 것인지 질문해 보면, 피하기가 훨씬 더 쉬워집니다. 나를 향한 것이 아니라면, 무시하고 비켜가겠다고 선택하면 됩니다.

- 나는 다른 사람들의 부정적인 태도를 비켜간다.
- 내 마음의 평화는 방어적이지 않은 것에 있다.
- 나는 부정적인 상황에서 나 자신을 보호한다.

가까운 사람에게
상처 받고 사는 나

인생에서 가장 중요한 결정 중의 하나가 바로 친구를 선택하는 일입니다. 상자 안에 썩은 사과가 하나만 있어도 모든 사과가 다 썩어 버릴 수도 있습니다. 자존감을 무너뜨리는 부정적인 사람들이 옆에 있으면 우리도 썩은 사과처럼 긍정적인 태도와 높은 자존감을 유지하기가 어렵습니다. 부정적인 사람들을 멀리하는 것이 남들이 쳐 놓은 부정적인 덫에 걸리지 않고, 나 자신을 지키는 방법입니다.

하지만 어쩔 수 없이 부정적인 사람들과 섞여 살아야 할 때도 있습니다. 그럴 때는 어떤 지적과 행동까지 용인할 것인지, 내가 용납할 수 있는 한계를 미리 정해 두어야 합니다. 그리고 그 한계가 어디까지인지를 상대방에게 명확히 알려 주고 지켜 줄 것을 요구해야 합니다. 어떤 요구 사항이 있을 때 분명하고 강하게 표현하면 보통 그 요구는 받아들여집니다.

한 예로 게일의 남편 조는 남들 앞에서 그녀를 놀리거나 모욕을 주었고, 집에서도 언어폭력을 일삼았습니다. 자존감이 떨어질 대로 떨어져 버린 그녀는 어느새 자신이 무능하다고 생각하게 되었습니다. 하지만 새로운 결심을 하면서 그녀의 삶은 달라졌습니다. 그녀는 혼자가 될지도 모른다는 두려움 때문에 남편에게 억눌려 사느니, 차라리 헤어지는 게 낫겠다는 생각을 하게 된 것입니다. 그래서 마음을 굳게 먹고 남편에게 당신이 변하지 않으면 떠나겠다고 말했습니다. 그 결과 남편 조는 달라졌습니다. 아내 게일이 자기한테 더 이상 당하고만 있지는 않을 만큼 힘이 생겼다는 걸 알았기 때문입니다.

우리는 가깝게 지낼 사람을 고를 수 있고, 그들이 나를 대하는 태도를 정하는 데 영향을 줄 수 있습니다. 나의 사기를 올려 주고 행복감을 높여 주는 긍정적인 사람들과 어울리면, 나도 그들에게 좋은 영향을 줄 수 있습니다. 이것은 너무나도 중요한 일입니다.

- 나는 나를 사랑하고 지지하는 관계를 맺을 자격이 있다.
- 나는 나의 사기를 올려 주는 사람들 주위에만 있기로 한다.

7

내 몸 돌보기

석유등이 계속 켜져 있기를 바란다면,
기름을 계속 넣어 주어야 한다.
테레사 수녀

우리의 육체적 몸은 감정적, 심리적, 영적인 몸과 서로 엮여 있습니다. 몸 전체가 최적의 상태로 돌아가려면 각각의 몸이 잘 유지되고 치유되고 존중되어야 합니다. 우리의 몸이 어떻게 보이고 느껴지든 있는 그대로 받아들이고 감사하고 사랑하는 데는 용기가 필요합니다. 그런데 많은 사람들이 그것을 어려워합니다. 우리의 몸과 친구가 되어야 하는 까닭은, 우리 몸이 우리의 본질을 담은 배이고 우리가 그것을 타고 삶을 표현하기 때문입니다. 몸이 따라 주지 않았다면, 우리는 지금의 모습으로 존재하지도 못했을 것입니다.

가령 누군가에게 고급 자동차를 선물 받았다고 가정해 봅시다. 그것도 가고 싶은 곳 어디에라도 데려다 주는 아주 부드럽게 잘 나가는 안락한 자동차 말입니다. 그런 차라면 누구나 깨끗이 관리하고 검사도 제 때 제 때 하고 주유도 잘 하지 않겠습니까? 마찬가지로 우리가 받은 선물이 바로 우리 몸입니다. 우리의 몸은 정말로 뛰어난 기계이며, 우리가 상상하는 것보다 훨씬 더 신비롭습니다. 따라서 우리는 몸을 존중하고 아끼며, 감사하는 마음을 가져야 합니다.

잔병치레하며 사는 나

과거에는 사람들에게 병에 대항할 아무런 능력이나 힘이 없다고 생각했습니다. 그래서 다치거나 아프면 우리의 운명을 오로지 의사들의 손에 맡길 수밖에 없었죠. 하지만 많은 연구를 통해 우리들 각자에게 있는 자기 치유 능력이 이미 알고 있던 것보다 훨씬 더 크다는 것을 알게 되었습니다. 태도와 믿음, 감정 등 모든 것이 자기 치유에 영향을 줍니다. 건강 문제를 온전히 전문가의 손에 맡겨야 한다는 오랜 관습을 깨고, 생각을 바꾸는 데에는 당연히 용기가 필요합니다.

모든 사람들이 날마다 세균에 노출되어 살고 있지만 유난히 다른 사람들보다 병에 잘 걸리는 사람들이 있습니다. 왜 그럴까요? 자주 아픈 사람들은 병이 자기 인생의 일부라고 생각하거나 어쩌면 세균에 대한 피해의식을 가지고 있을지도 모릅니다. 만약 그렇다면, 그것은 스스로 약하고 방어할 힘이 없다고 생각하고 자기 몸에다 '두렵다'는 메시지를 보내는 것과 같습니다. 내가 그렇게 믿으면, 내 몸의 면역체계도 내 생각을 따라 제대로 돌아가지 않게 됩니다. 결과적으로 병에 더 취약해지는 것이지요. 우리 몸도 우리의 감정과 심리, 영혼과 마찬가지로 격려와 안심이 필요합니다. 감기 기운이 있거나 병에 노출된 느낌이 들면 바로 훌륭한 면역 체계를 갖추고 있는 우리 몸이 그것을 이겨낼 능력이 있다는 믿음과 용기를 가져야 합니다. 내 몸속의 지략 넘치는 백혈구들이 불필요한 박테리아를 밀어낸다고 상상하면, 기분도 좋아지고 에너지도 충만해집니다. 몇 시간을 계속해서 우리 몸이 가지고 있는 감동적인 기능에 감사하고 격려해 보세요. 비타민 C를 곁들여 먹으면 더 좋습니다.

급박한 외과적 처치를 대신하지는 못하지만, 우리가 건강하다는 믿음을 갖는 것과 우리 몸이 완벽한 면역 체계로 이루어져 있다는 것을 긍정적으로 믿는 것만으로도 우리 몸의 자연치유력을 강하게 자극할 수 있습니다.

- 나의 면역 체계는 완벽히 균형을 이루고 있으며, 내 몸을 치유할 수 있다.
- 내 몸은 강하고 회복력이 있다.

게을러 보이는 게 싫은 나

우리는 몸이 보내는 신호에 너무 무신경합니다. 그러나 몸의 신호를 무시하면, 몸은 독창적인 방법으로 우리의 관심을 끌려고 노력하기 시작합니다.

크리스는 이혼한 뒤부터 심한 스트레스로 감정을 잘 다스리지 못했고, 경제 사정도 좋지 않았습니다. 심한 여드름과 탈진은 몸이 그녀에게 어서 쉬면서 에너지를 재충전해야 한다고 알려 주는 신호였습니다. 하지만 그녀는 그 신호를 무시하고 일에 파묻혀서 쓰러질 지경이 될 때까지 자기 자신을 몰아붙였습니다. 급기야 귀에 작은 종양까지 생겼는데 그것조차 무시해 버렸지요. 그러자 그녀의 몸은 더욱 심각한 신호를 뿜어내기 시작했습니다. 고통스러운 종양은 점점 더 커져서 세 배 크기로 자랐고, 동료들은 끔찍하게 커진 그녀의 귀를 보고 덤보(디즈니 만화영화 주인공인 아기 코끼리)라고 놀려댔습니다. 크리스는 어째서 그 지경이 되도록 자기 몸이 보내는 신호를 듣지 못했을까요? 의사가 종양의 원인이 스트레스라고 말해 주었을 때에야 그녀는 비로소 정신이 번쩍 들었습니다. 그리고 조금씩 느긋해지려고 노력했지요. 그러자 귀에 있는 종양도 차츰 작아지기 시작했습니다.

여자들은 남들에게 게으르게 보이는 걸 싫어합니다. 그래서 몸에서 "이제 쉴 때가 되었다."고 미리 알려 주어도 그 신호를 따르는 데 많은 용기가 필요합니다. 하지만 우리는 몸이 보내는 메시지를 존중하고 귀를 기울여야 합니다. 몸 곳곳에서 보내는 신호에 귀를 기울이면, 몸이 지닌 본능적인 지혜에 따라 건강을 지킬 수 있습니다.

• 나는 내 몸에 귀를 기울인다.

• 나는 내 몸을 존중하고, 필요한 것을 존중한다.

• 나는 내 몸이 내게 보내는 신호를 의식한다.

건강을 챙기지 못하고 사는 나

우리가 느끼는 육체적, 감정적 고통의 대부분은 우리라는 존재가 조화로움이 부족해서 생기는 것입니다. 우리가 아플 때는 우리 몸의 면역 체계가 다시 균형을 잡으려고 부지런히 일하고, 우리가 화가 났을 때는 우리의 감정이 정의와 조화를 갈망하게 됩니다.

우리 존재의 네 가지 면인 육체, 감정, 심리, 영혼을 존중하고 날마다 긍정적인 관심을 기울이면 우리 몸을 더욱 잘 관리할 수 있습니다. 개인적 욕구에 귀 기울이는 것이 너무 이기적이라는 생각을 가지고 있다면, 지속적으로 긍정적인 관심을 기울이는 데 많은 용기가 필요할 것입니다. 하지만 그것은 분명히 우리가 할 수 있는 일입니다.

육체적 자아에게 보내는 긍정적인 관심이란, 규칙적으로 운동하고 건강한 식습관을 갖고 잠을 충분히 자는 것을 말합니다. 감정적인 자아에게 보내는 긍정적인 관심은 친구와 마음을 나누고, 속이 후련해질 때까지 울어 버리거나 남을 돕는 일 같은 것입니다. 그리고 심리적인 자아에게 보내는 긍정적 관심에는 새로운 게임 배우기나 창의적으로 생각하기, 어려운 음식 만들기에 도전하기 같은 것들이 있습니다. 또 영혼을 위해서는 기도나 명상, 자연 감상하기, 긍정적인 글 읽기, 자녀들과 소중한 시간 함께 보내기 같은 것들을 할 수 있습니다.

균형 있는 삶을 살아가겠다는 용기와 자기 훈련만 따라 준다면, 우리는 더욱 건강하고 조화롭고 기쁨이 가득한, 존재감이 넘치는 삶을 살아갈 수 있습니다.

- 나는 날마다 내 몸과 감정, 심리, 영혼에 사랑스러운 관심을 갖는다.
- 나는 균형 있는 삶을 살아갈 용기가 있고,
  자기훈련을 감당할 수 있다.
- 나는 건강히게 사는 것을 즐거워한다.

외모에 자신이 없는 나

여자들 대부분은 자기 몸을 별로 좋아하지 않습니다. 잡지와 영화에 나오는 무결점 여성들과 자기 몸을 비교하면서 스스로를 혐오하도록 세뇌되어 왔기 때문입니다. 그래서 광고 산업에서 보여 주는 이상적인 모습을 갖추지 못한 자기 몸이 불만스러워서 자기가 가지고 있는 아름다움의 가치를 제대로 알아보지 못합니다.

우리가 절대 도달할 수 없는 이상적인 이미지만을 보여 주는 광고 산업의 독재에서 벗어나려면, 내 몸을 바라보는 시각의 초점부터 '비판에서 감탄'으로 바꿔야 합니다. 그것은 내 몸이 나를 위해 얼마나 충성을 다해 일하고 있는가에 초점을 맞추어 칭찬하는 것입니다. 내 몸은 내가 감탄해 주기만을 바라고 있고, 충분히 감탄 받을 만한 가치가 있습니다. 내 모습이 어떻든 부끄러워해야 할 이유는 하나도 없습니다.

이제까지 내 몸을 수치스럽다거나 부끄럽게 여기도록 길들여져 왔던 생각의 초점을 비판에서 감탄으로 바꾸는 데에는 엄청난 용기가 필요할 것입니다. 하지만 어렵더라도 조심스럽게 바꿔가는 것이 중요합니다. 거울 앞에 서서 여러분의 몸을 살펴보세요. 알몸이 가장 좋지만, 불편하다면 알몸이 아니어도 괜찮습니다. 특히 마음에 들지 않는 부분을 확인하세요. 당장은 마음에 들지 않더라도 그 하나하나에 사랑하고 감사한다고 말해 보세요. 감사한 이유를 구체적으로 소리 내서 말해 볼 수도 있습니다. "다리야, 내가 해변에서 산책할 수 있을 만큼 튼튼해서 감사해." 그리고 몸 전체에 대해서도 "몸아, 작은 아기들과 애완용 고양이를 안을 수 있게 해 줘서 고마워." 하고 말이지요.

내 몸을 있는 그대로 받아들이고 인정하려면, 내 몸에 대한 부정적인 기분을 포기하겠다는 용기가 있어야 합니다.

- 나는 내 몸을 사랑하고 인식한다.
- 나는 내 몸과 내 몸이 할 수 있는 일들이 자랑스럽다.
- 나의 인생을 이끌어가는 수단인 내 몸에 감사한다.

다이어트에
번번이 실패하는 나

여자들의 가장 큰 고민거리는 몸무게가 느는 것입니다. 몸무게가 늘고 옷 사이즈가 커지면서 자신감도 점점 떨어집니다. 적정 몸무게를 유지해야 더 건강하고 활력이 넘치며 기분도 좋아진다는 사실을 우리는 잘 알고 있습니다. 그런데도 우리는 왜 끊임없이 살을 빼도 도로 찌는 롤러코스터를 타는 것일까요? 잘 먹어서 불어난 몸무게를 영구히 빼려는 좋은 의도로 시작한 다이어트는 왜 자주 실패로 끝이 날까요?

적당한 몸무게를 유지한다는 건 정말 쉬운 일이 아닙니다. 다이어트가 박탈감을 느끼게 하기 때문에 스스로에게 초콜릿이나 탄수화물 같은, 안도감을 주는 음식을 상으로 주고 싶어지는데, 다이어트에는 그런 음식이 치명적이라 먹어서는 안되니까 우울해지는 것입니다.

최적의 몸무게를 유지하는 비밀은 어쩌면 마음의 즐거움과 고통의 연결고리를 바꾸는 데 있을지도 모르겠습니다. 몸무게를 줄이고 건강한 몸무게를 유지하느라 느끼는 박탈감의 고통과 거울에 비친 자기 모습을 보고 감탄할 수 있는 기쁨을 서로 연결시켜 보는 것이지요. 여러분은 혹시 음식을 포기하는 아픔에 집중하고 있지는 않나요? 아니면 멋진 옷을 입을 수 있고 더 큰 활력을 얻을 수 있다는 사실에 더 집중하고 있나요? 더 많이 먹고 안주하려는 자신을 이겨낼 때 느끼는 고통이 아니라 목표를 성취했을 때 느끼는 기쁨에 초점을 맞춘다면, 우리가 그토록 원해 왔던 몸매를 가질 가능성은 더 커집니다.

조용히 눈을 감고 앉아서 마음의 눈으로 여러분이 되고 싶은, 가장 매력적인 모습을 그려 보세요. 여러분의 체구와 나이, 생활수준에 딱 맞는 몸무게를 유지하는 자신의 이미지를 상상해 보세요. 날씬한 모습에 즐거워하면서 그런 몸매가 되었을 때 얻을 수 있는 이득을 따져 보세요. 원하던 몸매를 갖게 되었을 때 누릴 수 있는 기쁨을 상상해 보고 스스로 격려해 보세요.

- 나는 적정한 몸무게가 되는 기쁨에 집중한다.
- 나는 내 몸을 인정하고 잘 돌본다.

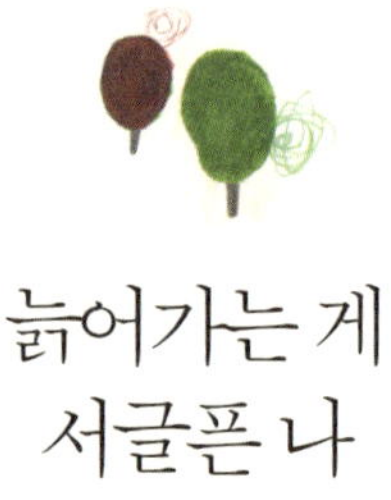

늙어가는 게
서글픈 나

늙는 것을 막을 수 있는 방법은 운동과 건강한 식생활, 사랑이 넘치는 삶 유지하기, 남에게 베풀기 같은 것들입니다. 그러나 가장 좋은 방법은, 나이는 태도라는 사실을 기억하는 것입니다. 나이를 어떻게 보느냐에 따라 우리의 느낌도 달라집니다.

일레인은 제가 아는 가장 젊은 사람이지만, 그녀의 나이는 일흔아홉 살입니다. 그녀는 무슨 일에든 열정적이고 아직도 전문직에 종사하고 있으며, 남들에게 진심으로 관심이 있습니다. 늘 새로운 생각에 마음을 열어 놓고 새로운 것을 배웁니다. 그녀의 가장 큰 장점은 곁에 있는 사람들에게 즐거움을 준다는 것입니다.

어쩌면 그녀의 삶이 순탄해서 긍정적인 태도를 가진 것일 뿐이라고 생각할지도 모릅니다. 하지만 사실은 그렇지가 않습니다. 첫아이를 어렸을 때 잃었고, 다섯 아이 중 셋이 한꺼번에 소아마비를 앓았으며, 한 아이는 끝내 불구가 되었지요. 재정적으로도 늘 넉넉하지 못했고, 몸에도 문제가 있었습니다. 그럼에도 불구하고 그녀는 늘 '나는 참 운이 좋아! 사는 것이 참 즐거워!' 하고 생각합니다.

생각이 젊고 긍정적이면 겉모습도 젊어집니다. 우리도 늙는 것을 자연스럽게 받아들이는 용기를 가지고 우리를 불편하게 하는 것들에 대해 긍정적인 해답을 찾는다면, 영적으로나 육체적으로나 감사하는 자세와 기대감을 가질 수 있습니다. 그것이 나이 들어 가도 마음의 평화를 누릴 수 있는 비결입니다.

- 나는 지금 내 나이를 받아들이고 사랑한다.
- 나는 생명력, 열정, 그리고 에너지를 느낀다.
- 나는 나이 먹는다는 두려움을 마주할 수 있고,
  내가 믿는 사람들과 그 두려움에 대해 나눌 용기가 있다.

거울보기가 싫어지는 나

　다른 나라에는 나이가 들수록 더 지혜로워진다는 믿음으로 연장자를 존중하는 문화가 있습니다. 그런데 미국은 그렇지 않습니다. 아직도 젊음이 더 좋다는 신념이 팽배하지요. 하지만 여러 면에서 연장자가 더 나은 것이 사실입니다.

　에너지는 내가 주의를 기울이는 쪽으로 흐르게 되어 있습니다. 그리고 무엇에 집중할지는 바로 내가 결정하는 것입니다. 나이 드는 것의 단점에 집중하기로 결정하면 나의 에너지도 그쪽으로 흐르면서 점점 떨어질 것이고, 용기를 가지고 나이 드는 것의 장점에 집중하기로 마음먹으면 에너지도 점점 그쪽으로 올라갈 것입니다.

　마흔다섯 살이 되었을 때 저는 갱년기가 남의 일이 아니라는 걸 깨

달았습니다. 거울을 볼 때마다 어머니의 얼굴을 마주보게 될 때가 많다는 것에 소스라치곤 했습니다. 그럼에도 불구하고 하고 싶은 것을 스스로 선택할 자유가 있고 자신감이 넘칠 때가 많은, 나이 들어서 더 좋아진 점들에 집중하기로 했습니다.

누구나 저처럼 어디에 더 집중할 것인가를 스스로 선택할 수 있고, 내가 무엇을 선택하느냐에 따라 매년 돌아오는 생일에 나 자신을 어떻게 느낄 것인지가 달라집니다. 조용히 앉아서 눈을 감고 오 년 뒤의 내 모습이 어떨지 상상해 보세요. 건강하고 행복한 삶을 즐기는 자기 모습을 그려 보세요. 나에게 있었으면 하는 자질이나 특성을 부여해 보고, 이미 지니고 있는 특성들은 더 키워 보세요. 그것을 즐기는 느낌을 받아들여 보세요. 그 나이가 된 나를 반갑게 맞아 주세요. 그리고 오 년 단위로 점점 나이 들어가는 나의 모습을 이미지로 떠올려 보세요. 그런 모습이 된 나를 사랑하고 환대해 주세요. 언젠가는 맞이하게 될, 나이든 나의 아름다운 모습을 즐겨 보세요.

- 나는 ＿＿＿＿＿ 살이 되어서 좋은 점에 초점을 맞춘다.
- 나는 나 자신을 즐기고 축복한다.
- 나는 지금의 나와 앞으로 맞이하게 될 미래의 나를 사랑한다.

꾸준한 운동이
어려운 나

우리는 너무나 바쁘게 살아가기 때문에 하고 싶은 걸 하려면 이제까지 해오던 것들 중 어느 한 가지를 희생해야 할 때가 있습니다. 대개는 운동이라는 항목이 희생되지요. 그런데 우리 몸은 적어도 일주일에 세 번 정도 유산소 운동을 하지 않으면 큰 혼란을 느낀다고 합니다. 유산소 운동은 혈액에 산소를 공급하고 면역체계를 재생하며 근육을 건강하고 유연하게 유지할 수 있게 해 주는 운동이기 때문입니다.

유산소 운동은 정신 건강에도 좋습니다. 우울하거나 슬프거나 혼란스러울 때 정신에 끼어 있는 거미줄을 걷어내는 역할을 해 주기 때문입니다. 운동은 스트레스를 줄여 주는 장점도 있습니다. 물론 운동을 막 시작하는 단계에서는 스트레스를 받고 우울함을 느낄 수도 있습니다. 하지만 운동이 끝나고 나면 오히려 몸에서 자연적으로 진정제가 분비되어 몸과 마음이 편안해지고 정신도 또렷해집니다.

몸이 튼튼해지고 운동으로 적당히 기름칠이 되면 모든 일이 쉬워집니다. 따라서 어떤 일에 좌절하지 않기 위해서라도 가볍게 운동을 시작하는 것이 좋습니다. 십 분 정도 산책을 하거나 오 분 정도 자전거를 타는 것도 좋습니다. 서로 격려하고 의지가 되는 친구와 만나는 것도 괜찮습니다. 운동을 꾸준히 하는 데 가장 큰 걸림돌은 운동을 하겠다는 마음을 먹는 것이고, 그 다음은 일과 중에 운동할 시간

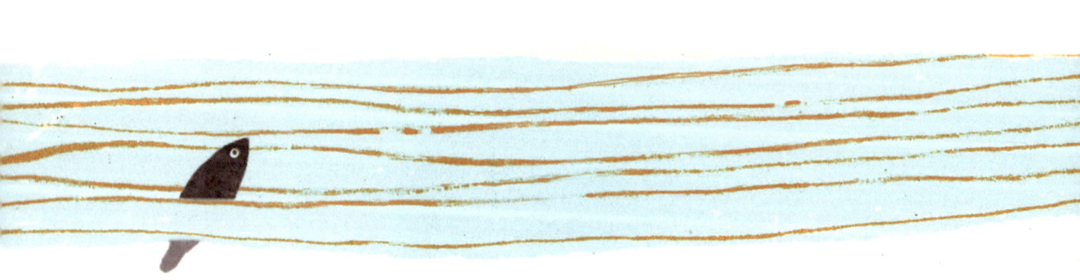

을 만드는 것입니다. 육 개월 동안 거르지 않고 운동을 해왔다면, 운동이 주는 행복감을 느껴 봤기 때문에 평생 꾸준하게 운동을 계속하게 될 가능성이 높아집니다. 따라서 어렵더라도 운동을 시작하겠다고 용기를 내는 것이 건강하고 행복한 삶으로의 첫걸음입니다.

- 나는 운동을 즐긴다.
- 나는 내 몸에 필요하고 내 몸이 원하는 운동을 충분히 하기 위해 시간을 낸다.

8
여자는 사랑으로 소통한다

무덤에서 흘리는 가장 쓴 눈물은,
하지 못한 말과 마무리 짓지 않은 행위들에 대해서이다.
릴리안 헬먼

　　우리는 가정적이고 사회적인 동물이기 때문에 서로 서로 교감해야 합니다. 언어와 무언의 의사소통 모두 우리가 다른 사람들과 관계 맺는 방법이자 우리의 생각과 욕구, 감정을 알리는 방법입니다. 그런데 우리는 이제까지 서로를 이어주는 의사소통보다는 오히려 서로를 멀어지게 하는 잘못된 의사소통 방식을 훈련받은 경우가 더 많았습니다.

　　영어사전에 나와 있는 의사소통의 정의는 '알게 하다'입니다. 더 정직하고 사랑스럽고 효과적으로 의사소통하는 법을 배우는 것은, 우리 자신을 알리고 우리의 부족한 점을 솔직하게 보이면서 지금 제대로 되고 있지 않은 의사소통의 방법을 바꾸겠다고 용기를 내는 것입니다.

　　나와 남들을 이해하기 위해서 지적하지 않으면서 말하고, 비판하지 않으면서 들으려고 노력해 보세요. 그것이 더 건강한 소통과 서로간의 더 깊은 이해, 더 친근한 느낌의 나눔과 토론을 가능하게 해 줍니다.

남의 말을
흘려듣는 나

여자들은 남들과의 관계를 중요하게 생각하기 때문에 원래부터 남의 말을 잘 듣습니다. 그러나 점점 더 바빠지고 여자들에게 요구되는 역할도 자꾸 늘어가면서 상대방의 말을 제대로 듣지 않으려는 유혹이 생기기도 합니다. 하지만 남들이 하는 얘기를 제대로 듣지 않으면 오해가 생기기 쉽습니다. 다른 사람들이 말하는 것을 제대로 듣지도 않고 건성으로 대답하면 의사소통이 아니라 언쟁으로 흐를 우려만 더 커지지요.

따라서 대답하기 전에 잠시 멈추고 상대방의 말에 귀를 기울이려는 용기와 절제력을 가져야 합니다. 그것이 우리를 방어적인 자세에서 열린 자세로 바꿔 주고, 상대를 더 잘 이해할 수 있게 도와줍니다.

또 상대방이 하는 이야기를 다시 생각해 보면, 이야기를 들으면서 생긴 의문이나 더 듣고 싶은 걸 자세히 설명해 달라고 요청할 기회도 생깁니다.

남의 말을 들을 때는 먼저 내 감정 상태를 제대로 알아야 합니다. 이야기를 나누면서 내 감정이 상했거나 상대방이 화가 났다면, 혼자서 화를 다스릴 시간을 가지는 게 좋습니다. 그 자리에서 화를 뿜어 낼 수도 있겠지만, 다른 사람에게 화풀이하는 것은 바람직하지 않습니다. 상대방의 말을 잘 들었고 나의 감정을 제대로 알았다면, 곧바로 감정적으로 맞받아치기보다는 적절한 대답이 무엇일지 생각해 본 뒤에라야 침착하게 상대방을 대할 수 있습니다.

다정한 의사소통이란, 꼭 부드럽게 말하거나 깔끔하고 명확한 문장들을 늘어놓는 세련된 것이 아닙니다. 그보다는 오히려 머뭇거리거나 말해 놓고 나서 다시 고쳐 말하기도 하고, 떨면서 횡설수설하는 미숙한 것에 가깝습니다. 상대방의 말에 진심으로 귀를 기울이고, 서로를 이해하고 교감할 수 있는 의사소통이 건강한 삶을 누릴 수 있게 도와줍니다.

- 나는 대답하기 전에 잠시 멈추고 상대방이 한 말을 먼저 받아들인다.
- 나는 다른 사람들에게 내 말에 진심으로 귀를 기울여 달라고 요구할 용기가 있다.

• 나의 목표는 이해하는 것이고, 내가 하는 말이 내 마음을

  잘 표현할 수 있게 하는 것이다.

자주 발끈하게 되는 나

어떤 사람들은 다른 사람들이 말하는 동안 가만히 침묵을 지키는 것을 어려워합니다. 그런데 흥미롭게도 듣다(listen)라는 단어와 침묵(silent)이라는 단어는 똑같은 알파벳 철자로 이루어져 있습니다. 다른 사람의 말을 경청하지 못하고 침묵을 깨는 것은, 우리가 특히 감정적일 때 자주 나타나는 반응입니다. 그 상황에 뛰어들어 스스로를 방어하거나 상대방의 상황을 고쳐 주고 싶은 마음이 있기 때문이지요. 그래서 침묵을 지키는 데 엄청난 용기가 필요할 때도 있습니다. 하지만 어떤 경우에라도 우리는 상대방이 말을 다 마칠 때까지는 입을 꾹 다물어야 합니다. 잘 들어 주는 것이 상대방을 더 잘 이해하게 하고 친밀감도 높여 주기 때문입니다.

한번은 제가 사소한 실수를 해서 한 여자 분에게 비방 편지를 받은 적이 있습니다. 그때 저는 갑자기 방어적인 태도가 되어 그녀를 고쳐 놓고 싶은 욕구가 솟구쳤습니다. 하지만 그러기 전에 먼저 차분해져 야겠다는 생각이 들어서 연락을 그 이튿날로 미뤘습니다.

다음 날 저는 제일 좋아하는 명언 중 하나인 "무방비에 나의 안전이 있다."라는 말이 생각나서 그 명언을 따를 수 있으면 좋겠다고 생각했습니다. 그래서 먼저 '제가 당신을 불편하게 했다면 사과드려요.' 하고 이야기를 시작하면서 제 의도가 그렇지 않았다는 것을 그녀에게 이해해 달라고 말했습니다. 그런 다음 그녀가 제게 비난을 퍼부어 대는 동안 입을 꾹 다물고 있는 것이 정말로 괴로웠습니다. 하지만 저는 꾹 참고 끝까지 가만히 있었습니다.

결국 그녀는 마음의 문을 열었고, 제게 자신의 아픔과 고통을 털어 놓았습니다. 들어 보니 저 때문에 화가 난 것은 실제로 아주 작은 부분에 지나지 않았습니다. 더 재미있는 것은, 제가 그녀의 말을 들어 주자 그녀도 제 말에 귀를 기울이기 시작했다는 것입니다. 우리는 서로 더 많이 이해할 수 있게 되었고 서로 좋아하는 관계로까지 발전할 수 있었습니다.

다른 사람들의 고통스러운 메시지를 받아들이면, 그와 관련된 감정과 상황까지 바꿀 수 있게 됩니다. 상대방의 말을 제대로 듣는다는 것이 말처럼 쉬운 일은 아니지만, 때로는 상대방의 공격을 사랑으로 바꿔 놓을 수 있는 유일한 방법이 될 수도 있습니다.

- 나는 어렵거나 두려워도 상대방의 말에 귀를 기울일 용기가 있다.

- 나는 다른 사람들의 말에 귀를 기울여 사랑을 표현한다.

- 무방비에 나의 안전이 있다.

괴로움을 털어놓기가
겁나는 나

환자들의 이야기를 듣다 보면 자주 그들 내면의 아이들이 내는 소리를 듣게 됩니다. "저 좀 봐 주세요. 제 얘기 좀 들어 주세요, 저를 좀 안아 주세요."와 같은 말 없는 애원들이지요. 우리 모두에게는 내가 하는 말을 상대방이 들어 주었으면, 이해해 주었으면, 받아들여 주었으면 하고 바라는 내면의 아이가 있습니다. 어쩌면 자라면서 내가 하는 말을 남들이 제대로 들어 주지 않았던 상처 때문에 지금도 남편과 자녀 심지어 마트계산원에게조차 인정받고 싶은 것인지도 모르겠습니다. 그렇다면 정작 여러분은 어떻습니까? 스스로를 인정합니까? 자기 자신과 다정하게 의사소통하고 있나요? 스스로를 배려하면서 자기 내면의 이야기를 들어 주고 있나요? 실제로 자기 내면의 아이와 소통한다는 게 쉽지만은 않습니다. 그래서 우리에게는 힘든 일을 털어놓을 수 있고 어린아이처럼 말해도 이해해 줄 수 있는 믿을 만한 친구나 동반자가 필요합니다.

앤은 아버지가 자기에게 거짓말을 했던 기억 때문에 힘들어했습니다. 어느날 남자친구에게 용기를 내서 자기 내면의 아이가 하는 말을 들어 줄 수 있는지 물어보았습니다. 남자친구가 들어 주겠다고 대답하자 그녀의 내면에 있는 소녀가 "아빠들은 어린 딸들에게 거짓말을 하면 안 돼. 어린 딸들은 아빠를 믿을 수 있어야 해." 하고 울먹거리며 말했습니다. 남자친구는 그녀를 안아 주며 그녀의 말에 공감해 주었고, 그제야 그녀의 기분도 밝아졌습니다.

내가 내면의 아이에게 귀를 기울여서 발견한 것을 나를 사랑하는 사람들과 나누면 치유에 많은 도움이 됩니다. 사람한테 말하기가 너무 두렵다면 강아지인형이나 베개를 내면의 아이라고 여기고 안아 주면 위안을 얻을 수 있습니다. 물론 이미 어른이 된 우리에게는 영어색한 방법일지도 모르겠습니다. 하지만 우리 내면의 아이가 스스로 감정을 표현할 수 있도록 격려해 주고 인정해 주는 환경을 만들어 주면, 괴로운 감정들을 쉽게 이겨낼 수 있습니다.

• 나는 나의 내면의 아이에게 귀를 기울여 그 아이의 치유를 도울 수 있다.

• 나는 나의 감정을 나눌 수 있는 좋은 사람들을 선택한다.

감정을 억누르고 사는 나

내 생각과 기분은 매일 감정의 쓰레기를 만들어내기 때문에 어떻게든 그 쓰레기를 처리해야 합니다. 감정을 폭발하는 것도 그 방법 중의 하나입니다. 만약 묵은 감정의 찌꺼기들을 그때그때 폭발하지 않는다면, 자칫 자폭하거나 우울해지고 불안감 때문에 지쳐 버릴지도 모릅니다. 하지만 허구한 날 감정을 폭발하듯 쏟아버릴 수는 없습니다. 나의 내면에 숨어 있는 괴물들의 머리에 수증기가 가득 차면 당연히 밖으로 뿜어내야 하겠지만, 그것을 남들에게 뿜어서는 안 되지요. 누군가를 내 감정을 뿜어낼 대상으로 삼는다면 절대로 남들에게 나의 마음을 열어 보일 수 없습니다. 따라서 내가 느끼는 분노가 다른 누군가의 책임이라고 느껴지고 그것 때문에 속상하고 화가 나더라도 여유를 가질 수 있는 용기와 힘이 필요합니다. 다행히 감정 쓰레기를 처리하는 괜찮은 방법이 따로 있기 때문이지요.

어느 해인가 분주한 크리스마스 연휴가 지난 뒤에도 자질구레한 일들 때문에 저는 기분이 별로 좋지 않았습니다. 일하는 사람은 나뿐인 것 같아서 화도 났습니다. 화풀이하듯 트리 장식을 뜯어내고 있을 때, 남편이 제게 "당신 화났어?" 하고 물었습니다. 그때 반사적으로 제 감정의 압력솥이 폭발해 버렸습니다. 그렇다고 다짜고짜 남편에게 화풀이를 하면 나중에 후회할 게 뻔해서 저는 화를 삭이기 위해 밖으로 뛰쳐나갔습니다. 그러고는 버려진 나뭇가지를 주워 큰 나무를 두들겨대면서 울고불고 소리치면서 그 몇 주 동안 차곡차곡 쌓여왔던 분노와 짜증을 뿜어냈습니다. 그때 만약 저의 억눌린 감정을 가족들에게 풀었다면, 분명 끔찍한 역효과를 냈을 것입니다. 아무도 제 화풀이를 당해야 할 이유가 없었고, 저 또한 억눌린 감정에 짓눌려 있을 이유가 없었지요.

감정적으로 육체적으로 건강하게 지내려면, 우리 안에 쌓인 화를 뿜어내는 좋은 방법을 찾아야 합니다. 과열된 감정을 잘 털어내야 자신의 감정을 더 잘 표현할 수 있습니다.

• 나는 나의 감정을 건설적으로 표현한다.
• 하루하루 나는 내 감정에 더 깨어 있으면서 곧바로 사랑스럽게 표현한다.

말만 하면
싸움이 되는 나

우리는 자주 의사소통 뒤에 돌아오는 반응에 혼란스러워합니다. 필요한 얘기를 나름 조심스럽게 말했다고 생각했는데, 내 의도와는 다르게 상대방이 상처받는 경우도 있기 때문입니다. 다정하게 의사소통하는 유용한 도구는 "나는"으로 시작하는 대화법입니다. "나는" 대화법의 공식은 "당신이 ＿＿＿라고 행동하거나 얘기할 때, 나는 ＿＿＿를 느껴."입니다. 이러한 대화법의 목적은 진실한 감정을 표현하기 위한 것이지 지적하거나 비난하려는 게 아닙니다. 그리고 감정을 표현할 때는 한두 개의 단어로 표현하는 것이 가장 효과적입니다. 감정을 표현하는 단어로는 '상처받음', '혼란스러움', '피곤함', '화남', '기쁨', '불편함', '소외감', '흥분됨' 같은 것들이 있습니다. 감정이란 자신에게 일어나는 느낌을 말하는 것이지 다른 사람이 하는 행동을 비판하는 것이 아닙니다. "당신이 나한테 그런 말투로 얘기하면, 나는 상처받고 화가 나요." 하고 말하는 것이 "나는 대화법"의 좋은 예입니다.

반대로, "너는 대화법"은 상대방에게 손가락질하고 비판하며 인신공격하고 자기 나름의 해석을 하는 것입니다. 위의 "나는" 메시지를 "너는" 메시지로 바꾸어 말하면, "네가 내게 그런 말투로 얘기하는 것은 나한테 상처를 주려는 거야!" 또는 "너는 내 기분을 상하게 해.", "너는 나에게 상처를 줘."와 같은 말이 됩니다. 이런 식의 "너는" 대화법에는 사실 "너는 정말 나쁜 사람이야."라는 가시가 들어 있는 것입니다.

물론 "나는 대화법"을 써서 말하려면 솔직한 내 감정을 드러내야 하기 때문에 용기가 필요합니다. 그래서 누군가가 정말로 나를 해코지할 의도를 가지고 있다면, 솔직하게 드러내 보인 내 감정 때문에 오히려 불리한 입장에 처할 수도 있습니다. 하지만 대개의 경우 상대방은 내가 그들을 공격하려는 의도가 아니라는 걸 알기 때문에 긍정적으로 받아들여 줍니다

그래서 "나는 대화법"은 의사소통을 할 때 의미를 명확하게 해 주는 장미꽃 같은 것입니다. 반면 "너는 대화법"은 상대방을 찔러 상처를 줄 수 있는 장미의 가시 같은, 위험한 대화법입니다.

- 나는 내가 느끼는 것을 의식한다.

- 나는 "나는 대화법"을 써서 의사소통을 명확하게 한다.

- 나는 상대방을 판단하지 않으면서 내 감정을 전달한다.

대화 타이밍을 잡기가
어려운 나

누구에게나 적절하지 않을 때 말을 해서 의사소통을 위한 절호의
기회를 놓쳤던 경험이 한번쯤은 있을 것입니다. 실제로 "우리, 얘기
좀 하자." 이 네 마디는 대화할 준비가 되어 있지 않은 사람에게는 공
포심을 불러일으키는 말입니다. 거기에다가 "지금 당장!"이라는 말
을 덧붙이면, 곧바로 '오늘 한 번 붙어보자.'는 말로 들려서 상대방을
긴장하게 만듭니다. 따라서 서로가 얘기하고 싶은 때를 미리 정하는
것이 무척 중요합니다. 억지로 하게 되는 의사소통은 설익거나 넘치
는 것이 될 뿐입니다.

제인의 가족은 서로를 위해 대화 예약 시스템을 만들기로 했습니
다. 만약 남편한테 할 얘기가 있으면, 미리 그 날이 지나기 전에 나눠

야 할 얘기가 있다고 말해 두는 겁니다. 남편에게 내용을 간략하게 한두 마디로 설명해 주고, 그것이 그녀에게 얼마나 중요한 문제인지를 미리 알려 둡니다. 그러면 남편도 그 주제에 대해 생각해 볼 시간을 가질 수 있고, 이야기할 시간도 함께 정하게 되니까 과정에 같이 참여하는 기분도 느낄 수 있습니다. 그런데 남편에게 다짜고짜 할 얘기가 있으니 "당장" 하자고 다그친다면, 남편은 공격당하는 기분이 들어서 방어적인 태도를 보일 것입니다.

- 나는 내가 언제 무엇을 표현해야 하는지를 안다고 믿는다.
- 나는 다른 사람과의 의사소통을 위한 적당한 시간이 될 때까지 인내하면서 기다릴 수 있다.
- 나는 의견을 교환할 수 있는 적당한 시간을 상대방과 의논한다.

너무 솔직해서
오해받은 적이 있는 나

왜 많은 여자들이 사회적으로 용인되는 가면 뒤에 자신의 진짜 믿음과 감정을 숨기고 사는 걸까요? 그것은 지적당하거나 비판이나 냉대를 당할까 봐 두려워하는, 연약하고 상처받기 쉬운 여자들의 마음

때문일 것입니다. 말은 상처를 줄 수 있습니다. 틀린 것은 아니지만 거르지 않고 그대로 내뱉어 버리는 말은 상처가 될 수 있어서 그런 말로 의사소통을 하는 건 정말 좋지 않습니다.

동기부여 연설가인 제 친구 캐롤은 누군가에게 "제 남편이 텔레비전에서 당신을 봤는데, 얼굴이 너무 처져 보여서 놀랐대요." 하는 말을 들었다고 합니다. 말하나마나 그녀는 상처를 받았습니다.

그런 말을 한 사람의 진심은 무엇이었을까요? 질투였을까요 아니면 부러움이었을까요? 물론 저로서는 알 수 없습니다. 하지만 그녀가 "나는 대화법"을 썼다면 어땠을까요? "텔레비전에서 당신을 보았을 때 나는 질투가 났어요." 하고 말했더라면 캐롤도 그녀의 마음을 이해하고 안전한 사람이라고 생각했을 것입니다. 하지만 그녀가 생각 없이 던진 말 한마디에 제 친구 캐롤은 망치로 한 대 얻어맞은 것 같은 충격을 받았습니다.

다른 사람들과 다정하게 살고 싶다면, 굳이 '진실'을 말해서 상처를 주어서는 안 됩니다. 남에게 상처를 주는 말이라면 차라리 입을 다무는 편이 낫습니다. 누구나 자기감정에 진실하려고 용기를 내는 것은 마땅한 일이지만, 말을 하기 전에 잠깐 멈추고 스스로에게 물어봐야 합니다. "내가 하려는 말이 진실한 감정일까 아니면 비난일까?" 만약 슬픔, 분노, 거절, 기쁨, 열정 같은 진실한 감정이라면 "이 감정을 어떻게 조심스럽고 다정한 방법으로 나눌 수 있을까? 어떤 부드러운 말로 내 감정을 잘 이해시킬 수 있을까?" 하고 스스로 되물어보는 것이 좋습니다.

말하기 전에 생각하는 것은, 누구에게나 이득이 되는 자기 통제의 방법입니다.

지적하기 좋아하는 나

혀끝에는 엄청난 힘이 있습니다. 혀로는 힘과 용기를 북돋우고 지지하는 말도 할 수 있지만, 지적하고 비판하고 깔보는 말로 다른 사람의 영혼을 무너뜨릴 수도 있습니다. 지적은 상처를 주지만, 칭찬은 힘을 줍니다. 나 자신과 남들에 대한 생각이나 말을 관리하는 데는 엄청난 용기와 자기통제가 필요합니다. 하지만 그만큼 노력할 만한 가치가 있습니다. 따뜻한 지원과 칭찬을 받는 환경에서는 누구나 타고난 가능성보다 더 많이 성장할 수 있습니다. 그러나 지적받고 난타당하는 냉혹한 환경에서는 누구라도 생기를 잃고 늘어져 버리지요.

개구리에게 입을 맞출 수 있는 용기와 연민의 마음을 가졌던 공주를 기억하시나요? 보이는 그대로를 받아들이려고 했던 그녀의 힘 덕분에 개구리는 원래 모습이었던 멋진 왕자로 돌아올 수 있었습니다.

우리는 날마다 선택의 기로에 서게 됩니다. 남들과 우리 안에 있는 개구리에게 칭찬하고 입을 맞출 것인지, 아니면 지적하고 짓누를 것인지를 선택해야 하지요.

칭찬은 물론 진실해야 합니다. 나와 남에게는 늘 나쁜 면만 있는 것이 아니고 감사해야 할 부분이 반드시 있습니다. 우리가 초점을 어디에 맞춰 보는가에 따라 달라질 뿐입니다. 사람들에게 상처받기 쉬운 연약함이 있다는 것을 인식하고 그들의 단점보다는 장점을 보려고 용기를 내야 합니다. 단점보다 장점에 초첨을 맞추면, 개구리가 허물을 벗고 완전히 다른 모습으로 바뀌는 환경을 만들어낼 수 있습니다.

- 나는 비판적인 생각은 버리고
  지원적이고 호의적인 생각으로 바꾼다.
- 나는 나와 남들이 가지고 있는 장점에 초점을 맞춘다.
- 나는 나와 남들에게서 개구리 허물 뒤에 가려져 있는
  왕자와 공주를 본다.

내 감정에 솔직하지 못한 나

여자들은 대개 부정적인 반응을 감수하면서까지 용기 있게 자기 생각을 말하고 싶어 하지는 않습니다. 저 역시 오랫동안 거절당하는 것이 두려웠고, 다른 사람들을 불편하게 만드는 것도 싫어서 제 입장이나 생각을 숨기고 반감이 있어도 안으로 삼켜 왔습니다. 그런데 저 자신을 존중하겠다고 용기를 내기 시작하면서 조금씩 제 목소리를 낼 수 있게 되었습니다. 사람들에게는 모두 변화를 거부하는 경향이 있습니다. 그래서 처음에는 저의 새로운 습관이 상대방을 불편하게 만들기도 했지요.

저는 제가 두려움에서 벗어나기 시작한 날을 또렷이 기억합니다. 남편과 자전거를 타다가 해변에서 잠시 쉬고 있을 때였습니다. 남편이 하는 말에 도저히 동의할 수 없어서 제가 반박하며 조심스럽게 저 자신을 변호했습니다. 몇 분간의 침묵이 흐르고 나서 남편은 "당신은 더 이상 여자답지가 않아. 당신만 늘 옳다고 생각하는군." 하고 말했습니다. 저는 그 말에 대응하느라 제가 가지고 있던 모든 용기를 다 끌어 모아야 했고, 벌벌 떨고 있는 제 내면의 아이에게도 확신을 주어야 했습니다. 그럼에도 불구하고 저는 용기를 내어 "여보, 나는 옳을 때가 많았어. 그렇게 말할 용기가 없었을 뿐이지." 하고 대답했습니다.

설사 다른 사람들이 좋아하지 않더라도, 우리는 누구나 내 생각과 관점을 표현할 자격이 있습니다. 어렵겠지만 스스로 자기 마음을 당당하게 표현하도록 허락하고 격려해야 합니다.

그런데 명심해야 할 것은 큰소리로 말하는 것과 소리 지르는 것은 엄연히 다르다는 사실입니다. 적극적으로 표현하고 스스로를 존중하기 시작하면서 새로 찾아진 용기는 때로 두려움을 느끼게 한다는 점도 꼭 기억하세요. 소리치고 싶은 충동이 밀려 와도 차분히 누르고 나서 점잖은 태도로 내 생각을 말하는 법을 연습하세요. 어렵기는 해도 우리가 할 수 있는 일입니다

• 나는 나 자신을 변호할 용기가 있다.

• 나는 조심스럽게, 그리고 정중하면서도 단호하게 내 의견을 말한다.

9
독이 되는 관계를
약이 되는 관계로

훌륭한 인생이란,
개개인이 삶이라는 모험을 통해
진실하면서 깊이 있는 자기 자신이 되어가고,
다른 사람들과 함께하는 즐거움 속에서
타고난 본성에 가까워지는 과정이다.
에다 제이 르샨

인간관계는 끊임없이 우리의 용기를 시험합니다. 여러분은 다른 사람을 믿을 용기가 있습니까? 여러분이 어려울 때도 기꺼이 어려운 이들을 돌보고 지원할 용기가 있습니까? 또 여러분에게 그런 지원이 필요할 때 다른 사람들에게 도움을 구할 용기가 있습니까?

여자들에게는 인간관계가 생명수와 같은 것입니다. 그만큼 가족이나 친구, 사회와 연결되어 있어야만 살아 있다는 느낌을 가장 충만하게 받는 존재라는 말이지요. 어떤 때는 이런 친밀함이 너무 절실해서 오히려 독이 되는 줄 알면서도 타협할 때가 있을 정도입니다. 그러나 건강한 인간관계란, 구성원 모두가 서로 존중하고 존중받는 상호 지원적인 관계여야 합니다. 라이너 마리아 릴케는 "사랑은 두 고독이 서로를 보호하고 어루만지고 인사를 나누는 것으로 이루어진다."라고 했습니다. 우리가 서로를 사랑으로 감싸주고 어루만지며 인사 나눌 용기가 있을 때, 원만하고 행복한 인간관계가 만들어집니다.

뭐든지 스스로 책임지려는 나

여자들은 다른 사람들의 행복, 기분, 다툼, 실패를 모두 자기 탓이라고 믿도록 길들여져 왔습니다. 그래서 가족들이 기쁘지 않은 것조차 자기 탓이라고 여기고 죄책감을 느끼곤 합니다. 저는 이것을 '책임감 스펀지 되기'라고 부릅니다.

혹시 여러분은 누군가에게 불만족이라는 웅덩이가 생기면 그들을 구해 주겠다고 곧장 달려가서 스펀지를 담그고 웅덩이 물을 모두 빨아들이려고 나서고 있지는 않은지요? 하지만 감정의 웅덩이에 빠져 있는 사람을 구해 주려는 시도는 번번이 실패감이나 불편한 기분으로 끝날 때가 많습니다. 자기감정을 책임질 수 있는 것은 오직 자신뿐이고, 자신을 구원할 수 있는 것도 자기 자신밖에 없기 때문이지요.

여자들은 남을 구해 주는 것이 옳은 일이라고 생각해서 그렇게 해왔던 것이지만 실제로는 '책임감의 스펀지'를 던져 버리는 것이 오히려 그들을 존중하는 일입니다. 왜냐하면 그렇게 하는 것이 오히려 그들에게 "나는 당신이 스스로 감정을 해결할 힘과 능력이 있다고 믿는다."고 말해 주는 것이기 때문입니다. 그렇다고 다른 사람들을 위해 감정적으로 아무런 힘도 되어 주지 않겠다는 뜻은 절대 아닙니다. 그보다는 오히려 우리가 그들을 대신해서 나서는 짓을 하지 않겠다는 뜻입니다.

이제까지와는 다른 방식으로 반응하기란 생각보다 쉽지 않습니다. 따라서 다른 방법으로 반응하는 여러분을 이미지로 떠올려서 연습해 보는 것이 좋습니다. 눈을 감고 감정의 늪에 빠진 사람을 구해 줘야 한다고 느꼈던 기억을 떠올려 보세요. 아주 조심스럽게 그 일은 나의 임무가 아니며, 상대방에게도 스스로 해결할 힘이 있다는 걸 믿으세요. 그 사람과 함께 있어 주면서 지원해 주고 기운을 북돋아 줄 수는 있지만, 그를 구하거나 변화시키려고 과도하게 나서지는 않는 여러분의 모습을 생각하세요.

모든 책임을 다 내가 져야 한다는 믿음이 우리 생각 속에 너무 깊이 뿌리 박혀 있기 때문에 책임감이란 스펀지가 마를 동안 나 자신을 위해서 조심스럽게 인내할 필요가 있습니다.

- 나는 불필요한 죄책감을 놓아 버린다.
- 나는 다른 사람들이 자기 자신을 책임질 수 있도록 기다리면서 지켜 볼 용기가 있다.

시키지도 않은 일을
무리하게 하는 나

인간관계에서 이용당했다는 생각 때문에 분한 느낌이 들 때, 우리에게 있는 따뜻함과 다정함이라는 능력은 엉망이 되어 버립니다. 자기 한계 이상을 하도록 스스로 내버려 둬 놓고는 뒤늦게 억울해하는 것이지요. 그러면서도 우리는 왜 계속 그렇게 할까요? 아마도 우리 안에 잠재되어 있는 "나는 다 할 수 있어야 한다."는 건강하지 못한 믿음이 우리 인생을 조종하고 있기 때문일 것입니다. 자신의 한계를 무시하게 만드는 잠재된 믿음을 바꾸려고 노력하는 동안에도 "만약 내가 다 하지 않으면 나를 탐탁지 않게 생각할 거야." 하고 말하는 내면의 목소리가 들리는데, 이것을 바꾸려면 용기가 필요합니다.

저 역시 일에 지나치게 몰입하다가 소중한 우정을 망칠 뻔했던 적이 있습니다. 저는 동업자 보니와 함께 여러 해 동안 여자들을 위한 세미나를 열어 왔습니다. 그때 저는 복사하기, 신문에 광고내기, 종이컵 사기 같이 몸으로 때워야 하는 모든 일을 저 혼자 도맡아 하는 것처럼 느꼈습니다. 그러다 보니 보니에게 억울한 마음이 들었고 "이 일은 정말 진절머리가 나." 하면서 투덜거리기 시작했습니다.

하지만 곧 그 모든 일이 보니가 부탁했던 건 아니었다는 걸 깨달았지요. 그리고 제 안에 "착한 여자는 늘 주어진 것보다 더 많은 일을 하게 마련"이라는 믿음이 숨어 있었다는 걸 알게 되었습니다. 보니에게 사랑과 인정을 받고 싶어서 필요 이상의 일을 해놓고는 정작 보니에게서 친절하고 다정하다는 느낌을 받지 못했던 것뿐이지요.

우리를 무리하게 일하도록 만드는 무의식적인 믿음을 알아차리는 것이야말로 우리가 자유로워지는 첫걸음이 됩니다. 그 믿음이 무엇인지를 알아차리기만 하면, 그 낡은 믿음을 의식적으로 자존감을 세워 주는 것들로 바꿀 수 있습니다. 우리 자신의 한계를 설정하는 것이 우리의 자격이라고 스스로 계속해서 용기를 주세요.

- 나는 한계가 있을 권리가 있다.
- 나는 나의 한계를 알고, 무리가 되지 않을 만큼 적당히 하도록
  나 자신에게 허락한다.

엄마로 사는 게
너무 힘든 나

이 세상의 엄마들이 공격당하기 시작한 것은 바로 프로이드 박사 때부터입니다. 자녀들이 겪는 모든 스트레스와 어려움이 다 엄마들 때문이라고 지목했기 때문이지요. 하지만 최근 들어서는 아이들이 어떻게 자라건 아이들 성장에 영향을 주는 요인은 셀 수 없이 많다는 것을 알게 되었습니다. 그럼에도 불구하고 여전히 무언가 잘못되면 모두 '엄마 탓'이라고 돌리는 인식은 여전합니다. 여자들부터 그렇게 생각하고 있다는 걸 부인하기는 어려운 것입니다. "내가 그걸 하지 말았어야 했는데, 나는 늘 이해심이 있어야 해, 내가 더 관대했어야 해, 내가 봐주지 말 걸 그랬나 봐."라는 부정적인 내적 대화를 끊임없이 되풀이하면서 실패를 곱씹으며 자기 자신을 괴롭히곤 하지요.

하지만 육아는 사실 다른 일과 병행하기가 무척 어려운 일입니다. 그래서 누구도 완벽하게 해낼 수가 없지요. 따라서 내가 부족한 것이 사실이든 아니든, 그것을 비판하기보다는 내게 있는 능력과 지혜를 축하하는 법을 배우면, 훨씬 더 좋은 엄마가 될 수 있습니다.

잠깐 동안 엄마로서 해야 할 일을 적어 보세요. 사람들은 여러분에게 엄마로서 어떤 일을 해 주기를 기대할까요? 온종일 얼마나 많은 일과 책임을 감당하고 있나요? 여러분이 정말 대단하지 않은가요? 그러니 여러분이 잘하고 있다는 걸 습관적으로 축하해 주면 다른 일도 더 잘하게 됩니다.

여자들은 지지해 주는 환경에서는 잘 자라지만 지적받는 환경에서는 시들어 버리는 화초와 같습니다. 그러니 엄마인 여러분을 스스로 칭찬하고 격려해 주세요! 엄마라는 직업은 어렵기는 해도 꽤 즐거운 일입니다.

- 나는 순발력 있는 엄마다.
- 나는 엄마로서 내가 가진 능력을 좋아한다.
- 나는 아이들을 잘 돌보지 못했던 과거의 나를 용서한다.

오지랖이 너무 넓은 나

우리 인생에서 해결해야 할 가장 중요한 일 중 하나는 우리의 발목을 잡고 있는 두려움과 믿음에서 자유로워지는 것입니다. 우리를 절뚝거리게 만드는 족쇄는 반드시 풀어 버려야 합니다. 물론 아주 어렵고 많은 용기가 필요하지요. 그런데도 우리는 남의 족쇄까지 끌고 다니느라 내 족쇄조차 풀어 버리지 못하는 경우가 너무 많습니다.

남의 성장과 행복까지 내가 책임져야 한다고 믿고 그들의 족쇄까지 차고 다니면, 죄책감도 들고 짜증도 납니다. 또 상대방이 나한테 너무 의존적이 되거나 도리어 저항하는 경우도 생길 수 있습니다. 나에게는 내 족쇄를 풀 열쇠가 있는 것이지 남의 족쇄를 풀 열쇠까지 있는 건 아닙니다. "어휴, 불쌍해라. 너 혼자서는 도저히 살아갈 수 없겠구나. 너 대신 내가 해 줄게." 하고 말하는 것처럼 남을 돕겠다고 한 일이 오히려 상대방을 교묘하게 무시하는 일이 될 수도 있습니다.

우리가 괜한 남 걱정을 그만두는 것은 그들 스스로 자기 문제를 해결할 수 있게 해 줍니다. 그것이 오히려 그들의 능력을 키워 주는 일입니다. 우리 역시 생각을 바꾸고 내가 가진 두려움을 벗어나기 위해 집중할 수 있는 에너지를 더 많이 얻을 수 있습니다.

조용히 앉아 눈을 감고 1~2분간 숨 쉬는 것에만 집중해 보세요. 그러고는 머릿속에 작은 영화를 틀어서 여러분이 구하고 싶은 사람들을 그려 보세요. 그들이 감정적, 심리적으로 족쇄를 찬 모습을 상상해 보세요. 이제 한 발 뒤로 물러서서 그들이 자기 인생을 스스로 책임지게 하겠다는 선택을 해 보세요. 깊은 사랑과 연민으로 그들에게 말하세요. "아무개야! 나는 네가 스스로 인생을 꾸려 나갈 능력이 있다고 믿어. 이제 더 이상은 널 구해 준다는 핑계로 참견하지 않을게." 이 말을 적어 가지고 다니면서 어떤 결정을 해야 할 때마다 마음을 다지는 데 활용하면 도움이 됩니다.

- 나는 다른 사람의 지혜와 상식을 믿고 존경한다.
- 나는 상대가 요청했을 때에만 절제하면서 충고한다.

끊임없이
아이들 걱정을 하는 나

자녀들을 보호하려는 엄마의 마음은 자연스럽고 꼭 필요한 일이기는 하지만, 항상 그런 것은 아닙니다. 엄마로서 자녀들에게 느끼는 죄책감이나 두려움, 완벽주의는 자칫 과보호가 될 수 있기 때문입니다. 만약 자녀들이 엄마 때문에 숨이 막힌다고 불평하거나 멀어지려고 하면, 용기를 가지고 세심하게 우리 자신의 행동을 돌아보아야 합니다. 만약 자녀들을 너무 과보호하고 있다면, 그것을 인정해야 합니다.

테레사의 딸들은 지진 위험 지역에 살면서 이미 여러 차례 크고 작은 지진을 경험했습니다. 그녀는 오랫동안 딸들이 지진으로 다치거나 죽을지도 모른다고 걱정하면서 살아왔고, 실제로 그런 일이 생긴다면 자기도 같이 따라 죽을 거라고 생각해 왔습니다.

늘 불안한 마음으로 살아서 마음의 평화가 무너져 버린 테레사는 문득 자기 마음속의 이미지를 바꿔 보기로 마음먹었습니다. 그 뒤로 는 갑자기 찌릿한 두려움이 몰려올 때마다 재빨리 딸들과 손주들이 흰 불빛과 천사의 보호를 받고 있다는 이미지를 먼저 떠올립니다. 그 런 다음 그들의 안전을 위해 감사하는 마음을 가집니다.

감사는 두려움을 몰아냅니다. 자녀들을 건강하게 보호하기 위해서 는 자녀들이 빛과 사랑과 보호라는 막에 둘러싸여 집을 떠나는 장면 을 그려 보면 좋습니다. 자녀들은 언젠가는 집을 떠나야 하기 때문입 니다. 자녀들을 "사랑하지만 놓아 주는 것"이 어머니로서 가장 힘든 도전 중의 하나입니다.

눈을 감고 자녀들을 생각해 보세요. 자녀들의 얼굴을 떠올리면 두 려움이나 죄책감이 느껴지나요? 그렇다면 여러분이 아는 최선의 방 법으로 그들을 키워왔다는 걸 믿고 안심하세요. 빛이나 어떤 보호막 이 자녀들을 감싸 주어서 그들이 안전하고 행복하고 긍정적인 모습 이 된 것을 마음으로 그려 보세요. 자녀들과 함께 경험했던 기쁨과 슬픔에도 감사하는 마음을 가져 보세요.

- 나는 내 아이들을 사랑하고 기뻐한다. 나는 내 아이들에게 감사한다.
- 나는 내 아이들을 사랑하지만, 그들이 최고의 삶을 살아갈 수 있도록 놓아 준다.

인정에 목말라 하는 나

아직까지도 여자들을 존중해 주고 평등하게 대우하는 직장은 많지 않습니다. 심지어 엄청난 임무에 시달리는 고위직 여자들조차 종종 직장에서 남자 동료들의 눈치를 봅니다. 한창 성장하고 있는 대기업의 간부인 캐리는 회사에 몇 만 불씩이나 이익을 올려 주는 책임자이면서도 남자 동료들에게 겁을 냅니다. 머릿속으로는 그들에게 존경을 받고 평등한 대우를 받아야 한다고 생각하지만, 어이없게도 스스로 남자 동료들의 기피 심부름을 해 주고 잘 보이려고 애를 쓰는 퇴행적인 태도를 보이기도 하지요. 그녀는 자신의 생각을 존중해 주고 들어 주기를 바라는 마음 때문에 남자 동료들의 자아를 누그러뜨리려고 애쓰는 자기 자신을 발견하곤 합니다. 그러면서도 여자 동료들에게는 그럴 필요가 없다고 생각합니다.

그녀는 스스로 '보조자'라고 생각해 왔던 고정관념을 깨려고 노력하고 있는 많은 여자들 가운데 한 명입니다. 오래된 고정관념을 깨는 데에는 엄청난 용기와 통찰력이 필요합니다. 여러분이 직장에서 어떤 직책에 있건 캐리처럼 자기 의견에 자신이 없어서 존중과 공감을 얻고 싶다면, 자기 자신에게 이렇게 물어볼 수 있습니다. "나는 무엇을 두려워하는가?"

캐리는 남자들이 자기를 좋아하지 않을까 봐 두려워하는 마음을 가지고 있었습니다. 여자들은 연결이 필요한 '관계의 동물'이기 때문에 그것이 사실 중요한 문제이긴 합니다. 하지만 그 두려움에는 훨씬 더 깊은 뿌리가 있습니다. 남자들의 인정과 사랑이 있어야 금전적으로나 감정적으로나 살아남을 수 있다고 생각하는 여자들의 본능적인 의심이 바로 그것입니다. 어쩌면 그 때문에 여자들 스스로 남자들에게 복종하는 것을 배우고 커피 심부름까지 하는 것인지도 모른다는 말이지요.

또 여자들은 자기 자신을 어떻게 돌봐야 하는지에 대한 새로운 믿음이 생겨도, 여전히 해묵은 감정에 따라 행동할 때가 많습니다. 하지만 자신이 느끼는 두려움의 뿌리를 정확히 인식해야만 행동을 바꿀 수 있습니다. 그래야 남자들의 눈치나 보면서 커피가 필요하다 싶을 때 타다 주는 것이 아니라 자기 마음이 내킬 때 타 줄 수 있게 될 것입니다.

- 나는 직장 동료들을 존중하고 그들에게 존중 받을 자격이 있다.

- 나는 유능하고 안전하다.

끌리는 사람이 되고 싶은 나

우리에게 자신감이 있으면 남들에게도 "나는 주목 받을 만하다."
는 느낌을 줍니다. 사람들은 그런 여자들에게 끌리게 되어 있습니다.

패트는 삼십대 독신여성으로 미래에 대한 두려움과 낮은 자존감
때문에 괴로워하고 있었습니다. 그녀는 늘 한 식품점에서 장을 보곤
했는데, 하루를 알차게 보내고 자신감이 넘치는 날은 거기서 일하는
이태리계 남자가 추파를 던지며 유람선을 타자거나 달빛 산책을 즐
기자고 제안해 왔습니다. 하지만 무기력하게 느끼거나 감당하기 어
려운 상황에 갇혀서 희생자처럼 하고 가는 날에는 그 남자가 영락없
이 짧은 인사만 건네고는 제자리로 돌아갔다고 합니다.

자신감은 이렇게 감춰지지 않고 그대로 드러납니다. 또 전염성이

있고 아주 매력적이지요. 자신감을 높이는 데는 자기 자신을 지지해 주는 건강한 자기대화만큼 좋은 것이 없습니다. 우리가 성공했을 때는 아낌없이 축하하고 실패했을 때는 따뜻하게 위로해야 합니다. 자기 자신과 건강한 관계를 맺는 사람이 남들과도 건강하고 행복한 관계를 맺을 수 있습니다.

자신감이 충만했던 여러분의 모습을 기억해 보세요. 그 장면을 여러 차례 반복해서 재생해 보고 그 기분에 깊이 취해 보세요. 나는 아주 훌륭하다는 믿음을 가져 보세요. 반대로 자신감이 없어서 자기자신이 하찮게 느껴졌던 때를 기억해 보세요. 여러분이 영화감독이라고 생각하고, 의기소침한 자신의 모습을, 앞서 떠올려 본 자신만만한 모습으로 바꿔 보세요. 다시 능력 있고 자신감과 행복이 넘치는 여러분을 느껴 보세요. 사람들이 여러분에게 긍정적으로 반응하는 모습을 그려 보세요.

우리는 모두 내 인생이란 영화의 감독입니다. 따라서 어떤 생각을 하고 어떻게 행동할지는 나 스스로 결정하는 것입니다.

• 나는 자신감이 있고, 나 자신을 믿는다.
• 나는 나 자신을 정말 좋아하고, 혼자 있는 것이 즐겁다.

친구 같은 연인이나
남편을 바라는 나

사랑에 빠지기는 쉽습니다. 그것은 호르몬이 주관하는 영역이기 때문입니다. 그러나 사랑하는 사람과 진실한 친구가 되기는 어렵습니다. 진정한 우정은 신뢰를 바탕으로 서로의 가장 좋은 면을 돋보이게 합니다. 친구들은 우리를 있는 그대로 받아들이기 때문에 우리는 그런 비판 없는 심리적 환경에서 안전하다고 느낍니다. 만약 사랑하는 사람들과 친구가 되고 싶다면, 그들이 나의 약점을 조심스럽게 대할 것이라는 믿음이 있어야 합니다.

조이는 재혼하고 나서도 항상 남편이 자기를 떠날까 봐 두려워했습니다. 알코올 중독자였던 첫 남편과는 사이가 좋지 않았기 때문에 다시 혼자가 되는 건 아닐까 하고 두려워했던 것이지요. 남편 밥은 그녀의 두려움을 이해했고 절대로 그녀를 떠나지 않을 것이며, 십 년이 걸리더라도 증명해 보이라면 그러겠다고 다짐을 했습니다. 남편밥의 이해와 인내로 조이는 믿음을 가지게 되었고, 서서히 두려움에서 벗어날 수 있었습니다.

여자들은 남자들과 친밀함을 느끼거나 감정을 표현하는 방법이 달라서 서로 대화하다 보면 마치 두 개의 다른 언어로 말하는 것처럼 생각될 때가 많습니다. 감정적인 문제를 쉽게 얘기하든 못하든 간에 여자들은 이래저래 감정적으로 상처받기 쉽습니다. 따라서 사랑하는 사람과 가깝고 재미있고 동반자적인 관계를 바란다면, 스스로 안전한 환경을 만들어 감정과 친밀함을 나누는 것을 두려워하는 마음을 뛰어넘어야 합니다.

사랑하는 사람을 있는 그대로 받아들이는 것은, 폭풍 같은 감정의 소용돌이 속에서 구조선의 역할을 합니다. 사랑하는 사람들 사이의 진실한 친밀감과 우정은 신뢰와 안전한 환경에서만 존재할 수 있습니다.

- 나는 나의 동반자를 있는 그대로 받아들인 용기가 있다.
  나는 인간관계에 있어서 개인적으로 판단하지 않고
  안전한 분위기를 만든다.
- 나의 동반자가 지닌 독창성은 나를 기쁘게 한다.

사람에게 자주 실망하는 나

기대라는 괴물은 어떤 관계에서든 그 배경 뒤에 숨어서 관계를 파괴할 시점을 호시탐탐 노리고 있습니다. 상대방에게 엄격하고 융통성 없는 기대를 하는 것은 실패를 위한 무대를 만드는 것과 같습니다. 상대방이 내 기대에 부응하는 행동이나 말을 해 줄 거라고 섣불리 기대했다가, 기대에 못 미치면 내 기대를 저버렸다고 생각하면서 그 이유를 두고 이러쿵저러쿵 제멋대로 추측하게 되지요.

그러고는 상처받은 마음 때문에 매정하게 판단하거나 잔뜩 실망해서는 땅이 꺼져라 한숨을 내쉬면서 "그 사람이 날 진심으로 사랑했더라면 …… 했을 텐데." 하며 관계를 망치는 생각만 합니다. 또 좋지 않은 감정으로 상대방에게 무능한 실패자라는 누명을 씌우기도 합니다. 그런데 다른 사람들의 기대에 묶여 있으면, 그 누구도 자신을 완벽하게 표현할 수 없습니다.

내가 진정으로 어떤 사람인가를 자유롭고 안전하게 표현할 수 있을 때에만, 건강하고 즐겁고 성취감을 느낄 수 있는 인간관계를 만들어갈 수 있는 것이지요. 나의 지나친 기대가 진정한 인간관계를 맺고 싶은 마음을 해친다고 느껴지면, 그것을 감지할 수 있는 용기를 가지고 그 기대를 내려놓으려고 노력하는 것이 스스로에게 주는 좋은 선물입니다.

기대라는 괴물을 무너뜨려야 나 자신과 내가 아끼는 사람들이 인정받고 평안하고 충만한 인간관계를 누릴 수 있습니다.

- 나는 다른 사람에 대한 편협하고 융통성 없는 기대를 내려놓는다.
- 나는 내 가족을 사랑하고 인정하며 각자의 삶을 살 수 있도록 격려한다.
- 나는 지금 이대로 괜찮다.

10
위험과 변화 피하지 않기

인생은 대담한 모험이거나 아니면 아무것도 아니다.
안전이란, 자연에는 존재하지 않는 것이며
인류의 후손들 역시 그것을 경험하지 못할 것이다.
장기적으로 볼 때 위험을 피하는 것은
위험애 노출되는 것보다 더 안전하지 못하다.
헬렌 켈러

　변화를 받아들이고 그에 따르는 위험을 감수하는 것은 너무 두렵기 때문에 변화를 거부하고 싶은 유혹을 느낄 때가 있습니다. 여자들은 가능성을 제한하는 인습의 굴레를 벗고, 개인적인 자유를 향해 날개를 펴고 싶어서 날마다 위험을 감수하고 변화하고 있습니다. 변화에 대한 두려움을 꾸준히 넘어서는 것과 위험을 감수하려는 의지를 더욱 키우는 것 두 가지는 우리의 능력을 키우기 위해 할 수 있는 가장 생산적인 일입니다. 변화와 위험을 불가피한 것으로 받아들이겠다는 용기를 내면 우리의 삶은 더 흥미롭고 재미있어지고, 마음의 평화도 얻을 수 있습니다.

　아이를 갖고 학교에 가고 사업을 시작하는 것과 같은 외적인 변화와 위험을 감수하는 데에는 용기가 필요합니다. 그런데 고리타분한 믿음을 버리고 마음속의 두려움을 들춰내서 자신을 힘겹게 하는 것에도 같은 크기의 용기가 필요합니다. 변화와 위험을 기꺼이 감수하겠다는 용기는, 자기 자신을 사랑하는 독창적이고 성공적인 삶에 반드시 필요합니다. 위험을 무릅쓰고 변화를 감수한 결과는 바로 개인의 성장입니다.

사람들과 좋은 관계가 되길 바라는 나

내 인생은 나 아닌 어느 누구의 책임도 아닙니다. 내가 통제할 수 없고, 그렇기 때문에 내 책임이 아닌 일은 아주 많습니다. 그렇지만 어떤 상황에 반응하는 방식은 전적으로 나 자신의 책임입니다. 오직 나의 반응만이 그 결과가 긍정적일지, 부정적일지를 결정합니다.

우리는 대개 사람이나 상황에 따라 자기 나름대로 진지하고 성의 있게 반응하지 않고, 자동으로 방어적인 반응을 하거나 주눅이 드는 경우가 많습니다. 그렇게 별 생각 없이 무성의하게 반응하다 보면 다른 사람들과 이해와 교감을 주고받기 어렵습니다.

여자들은 더 많이 교감하기를 바라기 때문에 의식적으로 반응하는 방법인, 변화를 감수하는 편이 더 이득입니다. 창의적이고 의식적으로 반응하는 것이 우리가 지속적으로 성장할 수 있고 행복한 삶을 만들어가는 방법입니다. 그것이 바로 우리 자신의 생각과 태도에 대해 스스로 책임질 용기가 있다는 뜻이기 때문입니다.

여러분이 생각 없이 반응하고 나서 불편한 결과를 초래했던 때를 기억해 보세요. 당시로서는 최선을 다했던 것이니 쓸데없는 자아비판은 하지 않도록 조심하면서, 그때의 반응을 대신할 다른 반응이 어떤 것일까 곰곰이 생각해 보세요. 상상하는 장면을 이미지로 그려 보고 그 상황을 다시 경험하면서, 다정하고 긍정적이며 자율적으로 반응해 보세요. 책임 있게 반응함으로써 느낄 수 있는 기분을 만끽하세요.

- 나는 여러 가지 상황에 건강하고 호의적인 태도로 반응한다.
- 나는 어떻게 대답할지를 조심스럽게 선택한다.
- 나는 말하고 행동하기 전에 생각할 용기가 있다.

나 자신이
마음에 들지 않는 나

능력도 있고 성공도 했는데 왜 여전히 자기 자신이 탐탁지 않게 느껴지는지 의문스러울 때가 있습니다. 그것은 아마도 어렸을 때 통째로 삼켰던 직설적인 메시지의 여진이 아직까지 남아 있기 때문일 것입니다. "남자가 여자보다 낫다.", "인기가 많으려면 예뻐야 한다."와 같은 메시지들이 여자들에게 무의식적인 믿음이 된 것이지요.

우리가 의식하지 못하는 사이에 입력된 그런 생각들이 우리의 삶을 이끌어갑니다. 그런데 그런 생각들 대부분은 숨겨져 있기 때문에 그것이 어느 정도나 우리의 행동과 반응에 영향을 미치는지는 잘 알아차릴 수가 없습니다. 그래서 우리는 의식적으로 그것을 찾고 바꾸려고 노력해야 합니다. 무의식 속에 숨어서 우리의 가치를 왜곡시키는 뿌리 깊은 믿음들을 찾아내기 위해 힘과 용기를 내는 것이 우리가 변화하는 데 도움이 되고, 지속적으로 나 자신의 가치를 인정할 수 있게 해 줍니다.

잠시 시간을 내서 여러분의 내면에 뿌리 깊이 내재되어 있는 부정적인 믿음들을 적어 보세요. 그것을 어떻게 바꾸고 싶은가요? 그런 파괴적인 말 하나하나를 여러분이 갖고 싶은 긍정적인 믿음으로 바꿔 보세요. 여러분이 만약 낮은 자존감이나 거절에 대한 두려움 때문에 힘겨워 하고 있다면, 여러분에게 힘을 주는 긍정적인 믿음은 "나는 가치 있고 사랑스럽다."가 될 것입니다.

- 나는 나 자신에 대한 거짓된 믿음을 찾아 긍정적인 말로 바꾸겠다.
- 나는 내가 사랑스럽고 가치 있는 사람이라는 걸 인정할 용기가 있다.
- 나는 사랑스럽다.

고통스러운 기억을
안고 사는 나

해묵은 상처의 고통을 그대로 안고 살면, 진이 빠지고 부담스럽습니다. 인생에서 가장 소중한 교훈은 고통을 겪고 나서야 얻어지는 것이 사실이지만, 결국은 스스로 그 고통을 내려놓을 용기와 의지를 품는 것이 더 중요합니다. 그렇게 하기 전까지는 변화가 불가능합니다.

저는 눈물도 수없이 흘렸고, 주머니에는 항상 부끄러움이라는 돌멩이를 넣고 다녔기 때문에 '고통은 놓아 주고 기억은 간직해야 한다.'는 교훈을 얻었습니다. 기억을 간직해야 하는 이유는, 그 기억을 잊지 않아야 제가 경험했던 것과 똑같은 고통을 겪고 있는 이들을 이해하고 자비를 베풀고 사랑의 손길을 건넬 수 있기 때문입니다.

조용히 앉아서 눈을 감고 숨 쉬는 것에 집중하세요. 숨을 들이쉴 때 안전하다는 느낌을, 숨을 내쉴 때는 온갖 고통이 함께 떠나가는 것을 느껴 보세요. 고통에 색깔을 입혀 보는 것도 도움이 됩니다. 숨을 내쉴 때마다 고통이 하나하나 나에게서 떠나가는 것을 눈으로 바라보세요. 그렇게 몇 분 동안 계속해 보세요.

그런 다음, 마음의 눈으로 흐르는 냇물이나 강가에 있는 아름답고 고요한 치유의 장소를 떠올려 보세요. 여러분을 강변의 편안한 곳에 놓아 두고, 여러분이 느끼는 고통을 흐르는 물에 흘려보내세요. 그 고통들이 강을 따라 떠내려가는 것을 지켜보세요. 여러분의 감정이 가르쳐 준 교훈에 감사하면서 이제는 고통이 여러분 곁에서 다 흘러 나가 사라진다고 생각해 보세요.

실제로 강가에 나가서 나뭇가지나 나뭇잎이 내가 버리고 싶었던 것들을 대신하는 상징물이라고 가정해 볼 수 있습니다. 고통을 상징하는 것들을 물에 던져서 사라지는 장면을 지켜보는 것은 우리의 무의식에 강한 치유의 메시지를 전달해 줍니다.

- 나는 고통스러운 나의 감정을 놓아 주고,

  고통을 겪고 있는 다른 사람들에게 사랑과 이해로 다가간다.
- 나는 나의 고통과 그 고통 때문에 배우게 된 교훈에 감사한다.

쉽게 낙심하는 나

　주름살 제거 시술, 처진 아랫배 수술, 가슴 수술……. 많은 여자들이 단점을 보완하려고 성형수술을 생각합니다. 하지만 그런 시술을 아무리 받아도 우리의 몸은 곧바로 다시 중력의 영향을 받게 됩니다. 그런데 태도를 긍정적으로 바꾸는 것만으로도 지속적인 리프팅 효과를 볼 수 있다고 합니다.

　살아가면서 가장 어려운 일 중 하나가 스스로를 낙심하게 만드는 그릇된 믿음을 버리는 것입니다. 내가 어떤 태도를 취할지, 어떤 자기대화를 나눌지는 나 스스로 선택하는 것입니다. 내 기분을 결정하는 것도 어떤 상황이 아니라 바로 나 자신입니다.

　평상시에 작은 먹구름을 머리 위에 달고 다닌다면, 스스로 희망적인 태도를 가져서 그 먹구름을 별이나 무지개로 바꿀 수 있습니다. 그러려면 무엇보다도 먼저 자신의 태도를 정확히 인식해야 합니다. 나의 태도는 어떤가요? 긍정적인가요 아니면 부정적인가요? 혹시 오색찬란한가요 아니면 검정색인가요? 높은가요 아니면 낮은가요? 자신의 부정적인 생각과 태도, 행동을 자각할 용기가 있으면, 습관적으로 달고 다니던 기존의 부정적인 태도 대신 긍정적인 생각과 태도, 행동들을 적어 보고 그것을 선택할 수 있습니다.

자신의 부정적인 태도를 자각할 수 있다면 그것을 의식적으로 긍정적인 생각이나 태도, 행동으로 바꿀 수 있습니다. 태도를 바꾸겠다는 결정은 곧 인생을 바꾸겠다는 뜻입니다. 그 결정이 우리를 더욱 풍성한 자유와 행복, 사랑을 누릴 수 있게 해 줍니다.

- 나는 날마다 나의 습관적인 태도를 쉽게 자각한다.
- 나는 긍정적이고 희망적인 태도를 지니고 있다.
- 나는 긍정적인 사람이다.

내 두려움의 정체를
알고 싶은 나

동굴 탐사를 가려면 미리 가이드를 섭외하고 조명 기구도 준비해야 합니다. 깊은 동굴의 칠흑 같은 어둠 속에서는 코앞에 있는 자기 손도 볼 수 없기 때문이지요. 그런 어둠 속에서는 양초의 작고 희미한 불빛조차 엄청 환하게 느껴집니다.

나의 무의식을 탐색할 때도 마찬가지입니다. 누구나 한번 자신의 무의식을 탐험해 봐야 합니다. 무엇이 발견될지 모르지만 고통과 상처라는 괴물을 없애기 위해 그 어둠 속으로 뛰어들 용기가 필요합니다. 이때 절대로 잊지 말아야 할 것은 양초처럼 믿을 만한 빛을 반드시 가져가야 한다는 것입니다.

상처와 믿음, 한계와 같은 두려운 영역에 접근하려면, 내가 넘어졌을 때 부축해 주고 격려해 줄 수 있는 길동무가 꼭 필요합니다. 상담 치료사, 친구들, 목사님이나 어떤 모임이 믿음직하고 안전하다고 느껴진다면, 그것이 '믿을 수 있는 빛'이 될 수 있습니다. 믿을 만한 멘토는 우리가 무의식의 동굴을 용감하게 탐색하고 감정의 자유를 누릴 수 있도록 도와줍니다. 우리는 때로 내면의 캄캄한 동굴로 들어가야 하지만 결코 거기서 길을 잃고 싶지는 않을 것입니다. 자유를 얻기 위해 우리가 할 수 있는 가장 현명하고 용기 있는 행동은 "도와주세요!" 하고 말하는 것입니다.

- 나는 밝은 곳에서나 어두운 곳에서나 나 자신을 인정하고 사랑한다.
- 나는 나의 그늘진 부분을 탐색할 용기가 있다.
- 나는 도움이 필요할 때 요청한다.

자녀들과의 관계가
틀어진 나

여자들은 개척자입니다. 지금은 삶을 역전시킬 수 있는 기회가 예전보다는 훨씬 많아졌습니다. 집에서나 직장에서 자신의 역할을 바꿔가면서 우리 자신뿐 아니라 우리가 중독되어 있는 것들과도 정면으로 대면해서 스스로 행복을 책임지려고 합니다.

고통스럽고 많은 용기가 필요한 일이지만 그런 위험을 감수하면서까지 우리가 외면할 수 없는 일이 바로 인간관계라는 문제입니다. 특히 자녀들과의 관계에서는 진심으로 나 사신의 입장에서 관계를 맺기가 쉽지 않습니다. 통상적으로 "~해야 한다"라는 고정관념에 사로잡혀서 스스로 무수리의 역할을 자처하고 있기 때문입니다. 우리가 용기 있게 자기 자신에 대해 배우고 표현하고 그런 자기 자신을 본보기로 삼는다면, 남들도 나를 따라 그렇게 하도록 격려할 수 있습니다.

위험을 감수할 때마다 고통이 치유될 때마다 우리 내면의 괴물이 서서히 길들여져서 다른 사람들이 자유롭게 나의 뒤를 따를 수 있게 되고, 독창적인 삶을 살아갈 용기도 커집니다. 위험을 용기 있게 감수하는 것은 나와 자녀들은 물론이고, 친구들이나 다른 엄마들까지도 자기 자신을 지킬 용기를 낼 수 있게 도와줍니다. 이보다 더 소중한 유산이 있을까요?

눈을 감고 잠시 편안한 마음으로 긴장을 풀어 보세요. 누군가를 만나려고 어떤 방으로 다가가는 자신을 상상해 보세요. 방문 앞에서 우리를 힘들게 하고 진정한 우리 자신을 표현하는 데 방해가 되는 어떤 역할이나 두려움, 고정관념 같은 것들은 치워 버리세요. 진정한 여러분 자신으로 남들과 대면할 수 있는 자유로움을 경험하세요.

- 나는 나 자신으로 존재할 용기가 있다.
- 나는 정확하게 말하고 행동한다.
- 나는 나 자신이 능력 있다고 믿는다.

털어놓지 못하는 비밀을
감추고 사는 나

오래 묻어 두었던 비밀을 나누는 것은 누구에게나 감수하기 힘든 두려움입니다. 하지만 그 비밀이 특별히 죄책감이나 책임감에 관계된 문제라면 그것으로부터 자유로워져서 나 자신의 고유함으로 살아갈 수 있어야 합니다. 그렇게 해 줄 가장 좋은 방법이 바로 '비밀 나누기'입니다.

문제가 있는 가정에서 흔히 볼 수 있는 불문율 중 하나가 "말하지 말고, 느끼지 말고, 존재하지 말라"는 것입니다. 어른이면서 비밀을 나누지 않는 것(말하지 말라)은 종종 자기 자신을 지키기 위해 감정을 멈추어야 하는 것(느끼지 말라)으로 연결되고, 그렇게 되면 다른 사람들에게 진실한 나의 모습을 보여 줄 수 없어서 친밀한 인간관계도 맺을 수 없게 됩니다(존재하지 말라).

불빛 아래 드러내지 않는 것은 나도 모르게 비정상적으로 커지게 마련입니다. 근친상간이나 학대와 같은 비밀을 나만의 옷장 속에 깊숙이 가둬 두는 것은 깊은 죄책감을 느끼게 만듭니다. 그런데도 여자들은 종종 비밀에 대해 입을 다물고 있으면서, 자기가 숨기고 있는 것들에 대해 책임감을 느껴서 "내가 만약 남자였다면, 계속 학교를 다녔다면, 그가 술 마시는 것을 처음부터 말렸다면……." 하고 스스로를 고문합니다. 따라서 우리는 마음 편히 비밀을 털어놓을 수 있고, 우리를 받아들이고 인정해 주고 사랑해 줄 수 있는 안전한 사람을 찾아야 합니다. 비밀을 털어놓기로 작정했다면, 완벽하게 믿을 수 있는 사람을 선택해야 합니다.

가슴 깊이 묻어두었던 비밀을 나누는 위험을 감수하겠다는 용기가 다정함과 이해를 만나면 자유로움을 얻을 수 있습니다. 다만, 비밀을 밝힐 때는 무엇보다 자기 자신을 잘 돌보아야 한다는 것을 잊지 말아야 합니다. 마음의 준비가 되어 있는지, 밝히고 난 다음의 반응을 이겨낼 수 있을 것인지, 끝까지 당당할 수 있을 것인지.

- 나는 나를 이해해 줄 사람과 나의 ___에 관한
  비밀을 나눌 용기가 있다.
- 나는 내 내면의 아이가 비밀을 말하려고 할 때 사랑하고 지켜 주겠다.

우울증에서
벗어나고 싶은 나

우리 집 냉장고에는 "슈퍼우먼은 더 이상 여기 살지 않는다."라고 적힌 빨강카드가 붙어 있습니다. 이 카드는 제가 항상 누구에게나 모든 것을 해 줄 필요가 없으며, 예전의 일 중독자는 더 이상 여기 살지 않는다는 사실을 기억하게 해 줍니다.

레슬리는 우울증 때문에 나를 찾아왔습니다. 그녀는 여전히 직장에 나가고 가족과 병든 어머니를 돌보았지만 더는 그 일이 즐겁지 않았습니다. 그런데 마땅히 관심을 쏟아야 할 것들에 무심해졌다는 것 때문에 심한 죄책감을 느꼈고 탈진할 지경이 되었습니다. 제가 수많은 일과 중에 자신을 위해서 하는 일이 얼마나 되는지를 물었을 때, 그녀는 곧바로 대답하지 못했습니다. 다른 사람들을 돌보려고 날아

다니느라 슈퍼우먼의 뼈가 말라가고 있었던 것입니다.

레슬리는 탈진에서 회복하기 위해서 슈퍼우먼 망토를 벗어서 걸어 놓고, 운동을 하고 영화도 보고 고독을 즐기면서 자기 자신을 돌보기로 마음먹었습니다. 그러자 다시 에너지가 채워져서 우울증이 사라졌습니다. 얼마 전 우연히 만나서 어떻게 지내는지를 물었더니 그녀는 밝게 웃으면서 "아, 저는 행복하게 잘 지내고 있어요!" 하고 대답했습니다.

혹시 여러분도 망토를 벗어서 걸어놓아야 할 슈퍼우먼이 아닌지요? 만약 화가 나고 우울하거나 혹사당했다거나 이용당했다는 느낌이 든다면 대답은 아마 "네!"일 것입니다. 여러분이 무리하게 약속을 해놓고 지키느라 감당해야 할 일이 너무 많아서 속박당하고 있다면, 결국 탈진해 버리고는 억울한 마음을 가지게 될 것입니다.

감정적으로나 육체적으로나 건강하려면 지금 당장 슈퍼우먼 노릇을 집어치워야 합니다. 슈퍼우먼이 되기를 포기하는 것만으로도 더 많은 사랑을 베푸는 사람이 될 수 있습니다.

• 나는 나 자신을 돌본다.
• 슈퍼우먼은 더 이상 여기 살지 않는다.

11
내 삶 속의 무지개를 찾아서

교회에서 일어나는 기적은 멀리서 갑자기 다가오는 얼굴, 목소리, 치유의 힘에서
오는 것이 아니라 우리의 지각이 더 섬세해지는 데 있는 것 같다.
그래서 잠깐 동안이지만 우리의 눈과 귀가 우리 주위에 항상 있었던 것들을
보고 들을 수 있게 해 준다.
월라 케더

　　내면에 있는 본능을 존중하고 귀를 기울여서 최고의 경지에 올랐을 때, 나와 남들에게서 아름다움, 희망, 무지개와 같은 영감으로 가득한 주파수를 찾아 서로 맞춰 볼 수 있습니다. 무지개를 보면 누구나 저절로 "와!" 하는 감탄사가 터져 나오지 않습니까? 무지개가 감탄을 자아내는 이유는 순간적으로 마술을 보여 주기 때문입니다. 물론 과학적으로도 설명할 수 있는 것처럼 무지개는 우리의 뇌가 아닌 마음에 영향을 줍니다.

　　누구에게나 따분하지 않은 기적적인 것, 나 자신만의 독특한 무지개를 알아볼 용기가 있습니다. 저는 여러 해 동안 죽어가는 사람들, 사별한 사람들과 일해 오면서 그들과 나눈 이야기에 큰 감동을 받았습니다. 그래서 제가 여기서 드리는 말씀에는 죽음이라는 장막 안을 들여다보게 해 주는 이야기들도 있을 것입니다.

삶이 허무하다고
느끼는 나

고통으로부터 내 마음을 너무 꼭 닫아걸면, 날마다 일어나는 기적 같은 일에 무뎌지기 쉽습니다. 저는 무지개를 하나님의 안부 편지라고 생각하기를 좋아합니다. "안녕, 나는 너를 사랑해. 그리고 네 눈에 보이건 안 보이건, 나는 여기 있어." 하면서 빛과 색을 써서 하나님이 보내 주신 쪽지! 아이의 해맑은 미소, 친구에게서 걸려온 반가운 전화, 새롭고 창의적인 생각, 손을 맞잡은 노년의 부부……. 그것을 볼 수 있는 눈과 마음만 있다면, 우리는 이렇게 수없이 많은 무지개를 어디서나 볼 수 있습니다.

하와이에서 고속도로를 운전하던 보니는 앞차들이 길 위에 있는 무언가를 피해서 지나가는 것을 보았습니다. 가까이 가보니 용감하

게 길 한가운데 얼굴을 내밀고 있던 것은 바로 '꽃'이었습니다! 보니
는 눈물을 글썽이며 그 용감한 작은 꽃이 무지개처럼 보였다고 말했
습니다. 그러면서 아무리 어려운 환경에서라도 우리는 꽃을 피울 수
있고, 대부분의 사람들은 어떻게든 그 꽃을 뭉개고 지나가지 않으려
고 한다는 믿음이 생겼다고 덧붙였습니다. 그 믿음은 그때의 그녀에
게는 정말 필요한 메시지였습니다.

인생에서 만날 수 있는 수많은 무지개를 즐기려면, 웃고 행복해할
수 있는 능력이 필요합니다. 꾸미지 않은 신비함이 가득한 우리 내면
의 아이에게서 어른의 족쇄를 풀어 주면, 열심히 일만 하면서 살아가
는 것이 아니라 즐기면서 인생을 살아갈 수 있습니다. 어른이 된 우
리들은 편안하고 기쁨이 가득한 환경 속에서 치유된 내면의 아이의
순수한 눈을 통해서 세상을 볼 수 있어야만 늘 보아왔던 평범한 것들
이 사실은 무지개였다는 걸 깨달을 수 있습니다.

기적을 향해 마음을 열겠다고 용기를 내면, 무지개를 보여 준 이들
의 메시지를 이해하고 즐길 수 있습니다.

- 나는 날마다 내 삶의 무지개를 알아보기 위해 마음을 연다
- 나는 어려운 상황에서도 꽃을 피운다.
- 하나님은 지금 나를 사랑하고 있다.

마음의 여유가 없는 나

흔히 너무 많은 일을 하느라 분주하게 살다 보면 어린아이와 같은 천진난만한 눈을 잃고 무뎌져서 나에게 무지개가 다가와도 그것이 얼마나 아름다운지 알아차리지 못합니다.

어머니가 돌아가시고 나서 얼마 뒤, 저는 부엌에 앉아서 친구와 어머니의 임종에 대한 이야기를 나누고 있었습니다. "작은 새처럼 날아가서 다시는 돌아오지 않았으면 좋겠어." 하고 어머니가 했던 말을 친구에게 들려주는 순간, 창문으로 작은 벌새 한 마리가 날아와서 몇 초 동안 저를 빤히 쳐다보는 것이었습니다. 저는 온몸에 전율을 느꼈고 머리카락이 곤두섰고 눈에는 눈물이 고였습니다. 저는 그 새가 "네가 나를 보지 못해도 나는 너와 함께 있단다." 하는 어머니의 메시지를 전해 준 거라고 생각했습니다. 어른의 눈으로는 우연이라고 생각해 버릴 수도 있지만, 기적을 믿고 사랑하는 제 내면의 아이의 눈에는 그것이 천국에서 온 편지였다고 확신합니다.

우리에게는 사회가 요구하는 과도한 짐을 내려놓을 수 있는 용기가 필요합니다. 그 짐을 짊어지고 앞만 보고 달리다 보면 날마다 일어나는 수많은 기적을 볼 잠깐의 여유조차 잃어버릴 수 있기 때문입니다. 내면에 있는 아이가 감탄 어린 시선으로 세상을 바라볼 수 있다면 더욱 깊은 풍요로움을 얻을 수 있습니다.

오늘, 일상을 살아가면서 작은 실험을 해 보세요. 우리 주변과 우리가 만나는 사람들을 호기심 어린 아이의 경이로운 시선으로 바라보세요. 단 몇 초 동안이라도 기적을 기대하는 눈으로 세상을 바라보세요.

- 나는 기적을 향해 내 눈과 마음을 여는 시간을 갖는다.
- 나는 나의 내면의 아이가 일상의 축복에 즐거워하도록 허락한다.
- 나는 기적을 믿는 용기가 있다.

배신의 아픔을 지니고 있는 나

고통과 혼란에 빠져 있을 때는 보통 그 원인에 집착하면서 자기 속을 들볶게 됩니다. 하지만 고통에서 벗어나려면 차라리 아름다운 것으로 생각의 초점을 돌리는 것이 도움이 됩니다. 초점을 바꿔야 한다는 것을 기억하고 자신을 통제하는 힘을 가지려면 많은 용기가 필요합니다.

이혼수속을 밟고 있던 자넷은 가슴이 너덜거릴 정도로 찢기어 피가 흐르는 것 같은 고통의 시간을 보내고 있었습니다. 아들의 야구시합이 있던 날, 그녀는 학교 운동장에서 얼마 지나면 전 남편이 될 남자의 뒤통수가 보이는 자리에 앉게 되었습니다. 남편은 경기 내내 다른 여자와 부둥켜안고 낄낄거렸습니다. 마음 같아서는 당장이라도 그 자리를 박차고 일어나고 싶었지만, 아들을 실망시킬 수는 없는 노릇이어서 꾹꾹 참을 수밖에 없었지요. 초조하게 잔디만 잡아 뜯고 있던 자넷은 자기가 작고 파란 꽃을 피운 야생화 무리 옆에 앉아 있었다는 것을 알아차렸습니다. 그래서 마음을 가라앉히려고 그 꽃에 마음을 집중하기 시작했습니다. 꽃은 아름답고 연약했으며, 서로 조금씩 달랐습니다. 그리고 완벽했습니다!

그러자 놀랍게도 그녀의 마음에 평화가 깃드는 느낌을 받았고, 자기가 완벽하게 사랑받고 있다는 느낌도 들었습니다. 그토록 아름다운 작은 꽃들을 창조하실 만큼 하나님에게 사랑이 있다면, 틀림없이 감정의 황무지 한가운데를 헤매고 있는 자기도 사랑하실 거라는 믿음이 생긴 것입니다.

대자연에는 치유의 힘이 있습니다. 그 아름다움이 우리의 상처를 싸매어 아물게 하고 마음을 기쁘게 해 줍니다. 그래서 사람은 누구나 자연 속에서 손에 흙을 묻히면서 살아가야 합니다. 꽃이 피어나는 가장 단순하고도 기적 같은 아름다움을 잠깐의 시간과 진심 어린 마음으로 바라보고 느낀다면, 고통으로 상처받은 마음이 치유될 수 있습니다.

스스로에게 꽃의 얼굴을 들여다보는 시간을 선물하세요. 꽃과 함께 시간을 보내세요. 그리고 꽃이 피어나는 기적에 감탄하세요.

- 나는 나 자신을 자연의 아름다움과 평화로 채운다.

- 나는 고통 속에서도 아름다움에 초점을 맞출 용기가 있다.

죽음이 무서운 나

다이앤의 딸 샐리는 서른한 살이라는 젊은 나이에 뼈암을 앓다가
세상을 떠났습니다. 그녀는 임종 직전 며칠 동안 혼수상태를 오락가
락 했고, 기운이 없어서 거의 움직이지도 못했습니다. 그런데 어느
날, 그녀가 침대 끝을 바라보며 "할머니, 너무 젊어 보여요!" 하고 소
리쳤습니다. 얼마 뒤 의식이 돌아왔을 때, 할머니를 봤냐고 물었더니
샐리는 아주 평화로운 목소리로 "네, 할머니가 날 기다리고 있어요!"
하고 말했습니다. 할머니는 샐리가 세 살 때 이미 세상을 떠난 분인
데 말입니다.

이런 이야기는 죽음의 두려움을 줄이는 데 도움이 됩니다. 또 우
리가 혼자 죽는 것이 아니라는 믿음을 마음 깊이 품을 수 있습니다.

죽음 후에도 우리에겐 함께해 줄 사랑하는 사람과 반겨 줄 사람이 있다는 걸 믿어야 합니다. 그런 믿음이 나는 결코 혼자가 아니며, 나와 함께하면서 필요할 때마다 나를 도와줄 사람이 있다는 걸 알게 해 줍니다.

위로와 이해는 저항이나 죄책감 같은 장애물을 뚫고 나에게 필요한 것, 내가 원하는 것을 얻으려고 용기를 내야만 얻을 수 있습니다. 사람들이 갈망하는 안정감과 마음의 평화는 자신이 항상 사랑받고 있고 혼자가 아니라는 생각을 하면서 마음의 문을 열었을 때, 비로소 얻을 수 있는 것입니다. 우리와 하나님 사이에 가로막힌 장막은 우리가 생각하는 것보다 훨씬 더 뚫고 들어갈 틈이 많이 있습니다.

- 나는 내가 혼자가 되지는 않을 거라고 믿는다.
- 나는 이승과 저승에서 사랑과 보호를 받고 있다.
- 나는 나를 사랑해 주는 사람들에게 마음을 터놓을 자신이 있다.

순수함을
잃어버린 나

누구나 아이들이 어렸을 때는 아이들을 위해 자주 기도하게 되지요. 저도 그랬습니다. 그런데 초능력이나 죽음에 가까운 경험, 샤머니즘과 신비주의 같은 것들을 경험하기 시작하면서 문득 우리 아이들은 과연 천사를 본 적이 있는지가 궁금해져서 물어보았습니다. 그때 네 살, 여섯 살이던 아들들은 해맑은 눈으로 "그럼요, 엄마는 못 봤어요?" 하고 도리어 되물었습니다. 안타깝게도 저는 그때까지 한 번도 천사를 본 적이 없었습니다. 어른이 되고서 녹록치 않은 현실에 집중하다 보니 열린 마음으로 기적이나 신비한 일을 바라보는 순수한 눈을 잃어 버렸기 때문이겠지요. 하지만 두 아들 덕분에 저는 경탄하는 마음과 경외감을 되찾을 수 있었습니다.

우리가 늘 어른의 일에만 집중하고 있다면, 혹시라도 순수한 눈으로만 볼 수 있는 내적, 외적 아름다움을 보지 못하고 지나치지 않도록 용기를 내야 합니다. 모든 것을 네 살배기 아이의 호기심 가득한 눈으로 보려고 마음을 먹는다면 우리도 아이들이 느끼는 순수한 경험을 할 수 있습니다.

조용히 앉아 눈을 감고 여러분 내면의 순수함에 눈을 떠 보세요. 여러분 곁으로 연민을 느끼는 천사를 불러 보세요. 빛의 생명체인 천사들의 이미지를 그려보면서 그들에게서 뿜어져 나오는 사랑, 힘, 마음의 평화를 받아들이세요. 그리고 곧바로 다시 사랑 가득한 부모가 되어 달라고 그들을 초대하세요. 여러분이 그들의 소중하고 고귀한 아이가 되는 것을 받아들이세요.

- 나는 가치 있고 사랑스럽다.
- 나는 다른 사람들의 사랑과 인정을 받을 수 있도록 스스로에게 허락한다.
- 나는 내가 가치 있는 사람이라는 것을 알 만한 용기가 있다.

앞이 보이지 않는 막막함에
갇혀 있는 나

나비는 독특한 아름다움과 지혜로 성장하려는 몸부림을 상징하기 때문에 우리를 행복하게 합니다. 아름다움과 우아함의 상징인 백조처럼 나비도 미숙한 애벌레일 때는 전혀 매력적이지 않습니다. 그러나 나비는 깊은 내면의 지식에 따라 자기 운명이 펼쳐질 수 있도록 한동안 칩거에 들어갑니다. 외부의 방해요인으로부터 철저히 자기 자신을 보호하기 위해 고치라는 고립과 어둠 속으로 들어가 버리는 것이지요. 그리고 내면의 지혜가 약속한 대로 때가 되면 희망과 변화의 상징인 나비가 되어 꽃과 꽃 사이를 날갯짓하며 날아다니면서 남은 삶을 아름다움과 기쁨을 퍼뜨리며 살아갑니다.

우리에게도 멋진 날개가 있어서 일상생활에서 만나는 혼돈과 혼란, 도전을 통하여 내면의 어두움으로부터 빠져나오기를 기다리고 있다는 것을 기억하세요. 우리도 나비처럼 내면의 고요와 고독으로 들어가서 지혜로운 내면의 자아에게 도움을 받아 변화할 수 있습니다. 자기 내면을 들여다볼 때는 꼭 조심스럽게 인내해야 합니다. 변화하기 위해서는 시간, 헌신, 규율이 필요하기 때문입니다. 우리는 날마다 단 몇 분 동안이라도 나비의 고치 같은 보호막 안에서 조용한 시간을 가져야 합니다. 또한 고치의 과정을 믿는 용기를 가지고, 멋진 불꽃놀이나 통찰력은 처음부터 기대할 수 있는 것이 아니라는 것을 알아야 합니다. 우리 내면에서 날갯짓하는 소리를 들을 수 있도록 마음이 조용해지는 데는 시간이 필요합니다.

- 나는 나의 내면에 있는 나비를 믿는다.
- 나는 날마다 몇 분 동안 조용히 내면의 나에게 집중할 시간을 갖는다.
- 나는 내면의 날갯짓에서 나오는 조용한 속삭임을
  하루하루 점점 더 잘 들을 수 있다.

남의 시선을
너무 의식하고 사는 나

유머감각을 가지고 웃길 수 있으려면 용기가 필요합니다. 왜냐하면 사람들을 웃게 만드는 것은 창피스러운 약점이나 나약함이 반사되어 보일 때가 많기 때문입니다. 그래서 유머감각을 가지려면 자기 자신을 너무 심각하게 받아들이지 말아야 합니다. 인생이라는 코미디에서 넘어지고 비틀거리는 자기 모습을 보고도 비웃지 않고 오히려 즐길 수 있어야 하는 것이지요.

그런데 우리는 남들이 나를 어떻게 보는지가 매우 중요하다고 배워 왔기 때문에, 특히 여자들은 남의 시선을 벗어나서 생각하기가 쉽지 않습니다. 여자들은 어릴 때부터 주변 사람들이 어떻게 생각할지를 항상 염두에 두고 행동하라고 배워 왔기 때문에 여성스럽지 못한 행동을 했다가 비판받지는 않을까 하는 두려움을 갖게 됩니다. 멀쩡할 때뿐만 아니라 얼굴에 달걀세례를 받았을 때조차 편안해하기란 쉬운 일이 아니지만, 그렇게 하는 것이 결국 우리를 누구와도 함께 지내기 좋은 유쾌한 사람으로 만들어 줄 것입니다.

바바라는 자기가 남들 앞에서 어리석게 보이면 따돌림을 당하게 될까 봐 두려워했습니다. 그런데 그것은 단지 표면적으로 보이는 믿음일 뿐, 실제로는 자기가 완벽해야만 누군가로부터 사랑받을 수 있다고 생각하는 깊고 근본적인 믿음을 가지고 있었습니다. 그 믿음을 바꾸기 위해 바바라는 자신이 왕비건 얼뜨기건, 강인하건 소심하건, 날씬하건 뚱뚱하건 스스로를 사랑한다는 확신을 가져 보기 시작했고, 결국 자기 자신에 대해 더 우호적인 마음을 가질 수 있게 되었습니다. 실제로 불안한 내면의 아이를 사랑하고 안심시키는 데 익숙해지면 질수록 자신의 얼뜨기 같은 면도 좋아하게 될 것입니다.

누구나 바바라처럼 할 수 있습니다. 자신의 부족한 부분을 숨기려 하기보다는 오히려 그것이 나를 미워할 수 없는 자유로운 영혼으로 만들어 주는 나만의 매력이라고 생각하면 됩니다.

- 나는 스스로를 너무 심각하게 받아들이지 않을 용기가 있다.
- 나는 비록 실수할 때도 있지만 여전히 가치 있고 능력 있는 여자다.

삶의 활력을 잃어버린 나

너무 빡빡하게 살아가는 사람들이 할 수 있는 도전 중의 하나가, 바쁜 일상 속에서도 놀이를 즐길 수 있는 여유를 갖는 것입니다. 그 놀이가 꼭 시간을 많이 잡아먹는 활동이어야 하는 것은 아닙니다. 그저 태도를 살짝 바꾸는 정도로도 가능합니다.

한 요양시설에서 레크리에이션 지도자로 일하고 있는 지니는 자칫 침울하고 심각해질 수 있는 일터에서 재미있는 태도를 가져 보기로 했습니다. 그래서 심각하고 지루한 일상을 가볍고 흥미롭게 바꾸려고 애써 왔고, 자기 내면의 아이에게 있는 충동적인 힘을 빌려 하루하루를 축하하며 즐거운 이벤트로 채워 갔습니다. 특별한 날에는 집에서 재미난 복장을 만들어 입고 나가서 일터는 물론 자신의 삶까지도 경쾌하고 밝게 만들었지요. 그러다 보니 그녀는 자기 자신에게 가장 좋은 놀이 친구가 되었고, 요양원에 있는 사람들에게도 삶을 가벼운 태도로 대할 수 있게 도와줄 수 있었습니다.

"놀아도 괜찮아", "일상을 재미있고 장난스럽게", "삶을 즐기자"와 같은 카드를 눈에 띄는 곳에 붙여 놓고 일상의 변화를 시도해 볼 수 있습니다. 변화를 주고 싶은 의지를 스스로에게 확인시키는 것만으로도 삶이 더 밝아집니다.

조용히 앉아서(곰 인형을 안고 있어도 됩니다) 눈을 감고 가장 친한 친구로 삼고 싶은 호기심 가득한 아이를 여러분의 생각극장에 초대하세요. 재미있는 놀이가 가득하고 탐험할 것도 많은 장소를 만들어 놓고 즐거운 시간을 보내세요.

이렇게 새로운 친구가 여러분의 일상의 한 부분이 되도록 초대하는 습관을 들이면, 날마다 어린아이와 같은 기쁨을 즐길 수 있습니다.

- 나는 더 즐겁게 놀 수 있도록 나 자신을 부추긴다.
- 나는 나의 가장 좋은 놀이 친구다.
- 나는 장난스러운 태도를 즐긴다.

가족으로부터
상처 받고 있는 나

살아가면서 우리를 감정적으로 괴롭혀도 그냥 내버려 두게 되는 사람들이 바로 가족입니다. 그런데 가족들과 얽히면 대개는 답답해하고 속을 끓이면서 죄책감에 휩싸이곤 하지요. 그럴 때는 나를 그들에게서 떼어낼 수 있는 방법을 배우는 것이 내가 나를 위해 할 수 있는 가장 용감하고 힘이 되는 일입니다.

샌디는 오랫동안 알코올 중독자인 남동생 때문에 죄책감과 좌절감 속에서 살아왔습니다. 남동생은 부모님의 모든 사랑을 누나 혼자 독차지해 왔다고 생각했고, 누나의 성공이 자기가 실패한 원인이라고 믿고 있었습니다. 아무리 합리적으로 생각을 나누고 반론을 하고 연민을 갖고 노력해 봐도 동생의 생각을 바꾸지 못했고, 동생의 눈에는 늘 누나가 나쁜 사람일 뿐이었습니다. 동생의 말 뒤에 숨어 있는 가시를 빼 보려고 갖은 방법을 다 써 보고도 실패하자 샌디는 차라리 그 상황을 즐기자고 마음먹었습니다.

다음 날도 동생은 여전히 "나만 언제나 불쌍해. 누나만 아니었다면……." 하고 푸념을 늘어놓았지만, 샌디는 이전과는 다르게 동생을 대할 수 있었습니다. 동생과 전화하면서 속으로는 '오늘은 절대 가시에 찔리지 않겠어!' 하고 말했지요. 막상 해 봤더니 이제까지 자신을 그토록 힘들게 했던 가시를 하나하나 빼내는 일이 오히려 재미있게 느껴지기까지 했습니다.

샌디는 그렇게 남동생의 말을 덜 심각하게 받아들이기 시작하면서부터 남동생에게 더 마음을 열 수 있게 되었습니다. 그녀가 더 이상 민감한 반응이나 거부감을 보이지 않자 남동생도 흥분하거나 분노를 폭발할 명분이 없어졌다는 걸 깨닫고 태도를 바꾸기 시작했습니다. 이렇게 우리는 얼마든지 나를 찌르고 있는 가시를 빼 버릴 수 있고, 그 상황을 가볍게 넘길 수 있습니다.

- 나는 연민을 가짐으로써 나를 공격하는 사람에게서 벗어날 용기가 있다.
- 나는 나를 짜증나게 하는 것들을 가볍게 여긴다.

마음의 평화가
필요한 나

저는 하와이에서 캘리포니아로 이사하고 나서 적응하기가 어려웠는데 나무들의 아늑한 품에서 쉬는 법을 배운 뒤부터는 적응하기가 한결 수월해졌습니다. 새로 이사 온 집 뒷마당에는 두 그루의 곧고 장대한 소나무가 있었습니다. 제가 두 자매라고 이름 지어 준 그 나무들을 보고 있으면 마치 저에게 놀러 오라고 부르는 것 같았습니다. 하지만 저는 그때 새로운 환경에 적응하느라 마음의 여유가 없어서 가 볼 생각은 하지도 못했습니다. 어느날 너무 외롭고 종일 집에 갇혀 지내면서 분통이 터질 것 같은 마음이 들었을 때 문득 '나무 끌어안기'가 주는 장점에 대해 들었던 기억이 떠올랐습니다.

저는 곧바로 하던 일을 멈추고 두 자매에게로 갔습니다. 두 나무 사이에 누워서 편히 쉬기로 했을 때, 저는 놀랍게도 제가 울고 있다는 걸 알아차렸습니다. 보자마자 한눈에 친구처럼 느껴졌던 두 그루의 나무 앞에서 제가 그동안 감정을 너무 억누르고만 지내 왔다는 걸 알게 되었습니다. 한참을 눈물을 흘리며 큰 소리로 두 자매에게 제 영혼의 상처와 아픔을 쏟아내고 나서야 저는 비로소 마음의 인정과 안정, 평화를 되찾을 수 있었습니다. 새로운 힘도 얻고 생기를 되찾아 다시 일도 할 수 있게 되었습니다.

자연은 순수하고 침착하며 판단하지 않습니다. 우리가 마음을 열 용기만 있다면, 자연의 사랑은 언제라도 우리를 도울 수 있습니다.

조용히 앉아서 눈을 감은 채 자연 속의 아름다운 장소를 상상해 보고, 주변의 소리와 눈앞에 그려진 풍경들을 즐기세요. 이 작은 오아시스가 주는 평화와 안정을 받아들이세요. 생물과 무생물이 발산하는 힘에 대해 마음을 열어 보세요. 자연의 아름다움과 힘에서 나오는 좋은 기운을 한 몸에 받아 여러분이 치유되고 위로받는 것을 느껴 보세요.

- 나는 자연에 감사하고 즐길 시간을 갖는다.
- 나는 자연의 아름다움과 힘을 통해 안정을 얻는다.

12
내면의 지혜를 찾아서

여자에게 필요한 것은 여자로서 행동하고
결정하는 것이 아니라 자연스럽게 성장하고,
지성인으로서 분별하고, 영적 존재로서
자유로이 방해받지 않고 살아가는 것이며,
집을 나와 독립했을 때는 자신에게 주어진 능력을
마음껏 펼치는 것이다.
마가렛 풀러

여자들은 모두 본질적으로 지혜로운 존재들입니다. 그것을 알아차린다면, 우리 내면에 있는 지혜는 결코 다가갈 수 없는 환영이 만들어낸 가상의 존재가 아니라는 사실을 받아들일 수 있습니다. 지혜는 여자들의 내면에 존재하는 중요한 일부이자 "여자들의 직관력"이라고 불리는 자아입니다. 여자들에게 있는 지혜로운 직관력을 거부하고 부정하는 것은 우리의 가장 소중하고 여성적인 특징을 잘라 버리는 짓입니다. 감사하게도 최근 들어 여자들은 자신의 직관력을 존중하고 받아들임으로써 내면의 지혜로움을 되찾고 있습니다.

이제까지 많은 여자들이 내면의 지혜를 무시해 왔습니다. 여자들 스스로 그 힘을 두려워하고 그 권한을 어떻게 행사해야 할지 몰랐기 때문입니다. 다행히 이제는 그 힘을 건설적으로 표현하는 방법을 배우고 있습니다. 우리 내면의 지혜를 존중하는 데에는 용기가 필요합니다. 그러나 내면의 지혜를 존중하면 영적으로 발전하는 기쁨도 누리고 그에 따라 주어지는 임무와 능력도 경험할 수 있습니다.

여자들에게는 모두 내면의 지혜가 내는 빛이 있습니다. 그 빛이 우리 삶의 여정을 밝힐 수 있도록 받아들이는 것이 우리 여자들의 권한이자 임무입니다.

지혜가 부족한 나

　여자들이 인생이라는 학교에서 만나게 되는 여러 가지 도전을 종종 수도자의 수련과정에 비유하곤 합니다. 어려움을 통해 많은 교훈을 배우기 때문일 것입니다.

　여자들의 내면에는 지혜가 고여 있는 우물이 있고, 그 곁에는 다소곳이 앉아 있는 수도자가 있습니다. 그 수도자는 이해심이 깊고 연민이 많습니다. 그래서 그 부분을 인식하고 찾으려면 훈련의 과정이 필요합니다. 훈련을 통해 내면의 지혜를 발견할 수 있고 필요할 때마다 불러낼 수 있다는 것은, 우리가 언제든지 자신의 내면에 있는 지혜의 근원에 접촉할 수 있다는 말입니다.

　눈을 감고 샘물이 솟는 맑은 소리를 들어 보세요. 그 소리를 듣고 마음의 평안함과 안정감을 느껴 보세요. 아주 맑은 물이 솟아나는 분수 옆에 있다고 의식적으로 생각해 보세요. 그 신성한 곳으로 내면의 수도자를 초대해 보세요. 그녀가 나타나면, 그녀를 충분히 알아갈 수 있도록 시간을 두고 여유 있게 그녀와 함께 주변의 아름다움을 탐색하세요. 그녀는 여러분에게 줄 선물을 가지고 있습니다. 그 선물은 바로 샘에서 나오는 물을 담는 꽃병입니다. 그녀에게 여러분이 가야 할 길을 안내해 줄 수 있는지 물어 보세요. 그리고 주기적으로 만나기로 약속하세요. 어려움이나 어떤 결정을 해야 할 때 그리고 승리하는 법 등도 함께 훈련하면서 동업자이자 친구가 되어 보세요.

- 나는 내 내면에 있는 수도자의 지혜와 연민을 환영한다.
- 나는 인생이라는 학교에서 배우는 소중한 가르침을 받아들인다.
- 나는 참 여성적이다.

내가 가진 능력에
자신이 없는 나

여러분도 혹시 누군가가 어깨 위에 올라앉아 "네가 뭘 아는데?", "사람들이 왜 네가 하는 말을 듣겠어?" 하며 이죽거리는 것 같다고 느껴본 적 있나요? 여자들은 이렇게 칭찬, 영광, 성공 앞에서도 스스로 자신을 신뢰하지 않고 의심하곤 합니다. 스스로를 비하하는 자기 대화는 그런 의구심에 기름을 붓고, 낮은 자존감의 불길에 부채질을 계속 해대는 것입니다.

내 생각은 나 자신의 책임입니다. 우리는 언성을 높이곤 하는 비판의 목소리를 의식, 긍정 마인드, 치유를 통해 부드러운 속삭임으로 바꿀 수 있습니다. 비판의 목소리를 스스로를 신뢰하고 다정스럽게 격려하는 내면의 목소리로 대체할 수 있다는 말입니다. 우리는 용기와 헌신을 통해 자아비판을 멈추고 우리가 마땅히 받아야 할 신뢰를 얻을 수 있고, 나 자신이 가치 있다는 인식과 생각을 받아들일 수 있습니다.

여러분은 믿을 수 없을 만큼 능력이 있습니다. 인생이 대학이라면, 이제껏 어떤 학위를 받았고, 또 무엇을 향해 일하고 있나요? 커뮤니케이션 분야에서는 학사 학위, 직장 내에서는 외교학 학사, 또 아동학이나 가정학 분야에서는 석사 학위 정도는 되지 않을까요? 게다가 경험을 통해 얻은 지혜로 본다면 박사 학위 정도는 받은 거나 다름없지요.

잠시 시간을 내서 여러분의 학위들을 적어 보세요. 그런 다음 눈을 감고 몇 분간 숨 쉬는 것에 집중해 보세요. 집중이 흐트러지면 숨 쉬는 것에 다시 정신을 모아 보세요. 학위 가운과 모자를 쓰고 명예로운 인생 대학을 다니는 여러분의 모습을 그려 보세요. 얼굴에 미소를 띤 지혜롭고 다정한 멘토가 여러분에게 상장과 학위를 수여하는 장면을 떠올려 보세요. 여러분은 그것을 받을 만한 충분한 자격이 있는 사람이니 정중히 받으시기만 하면 됩니다.

- 나는 내가 아는 것과 내가 배우는 것에 대해서 스스로 상을 준다.
- 나는 경험을 통해 얻은 지혜를 소중하게 여긴다.

참한 여자가 되고 싶은 나

우리는 자라면서 멋진 남자들에게 인정받으려면 참한 여자가 되어야 한다고 배워 왔습니다. 순수하고 헌신적이고 완벽하며 누구에게나 존중받고 부러움을 사는 참한 여자는 남자들이 자기 어머니에게 데려가기에도 손색이 없을 만큼 자랑스러운 존재입니다. 물론 나쁜 남자들은 다른 것을 원합니다. 그런데 혼란스럽게도 우리는 오히려 다른 것을 원하는 나쁜 남자들한테 심장이 떨리도록 끌렸지만, 그런 남자를 우리 부모님 앞에 데려가는 것은 두려워했습니다. 우리가 나쁜 남자에게 끌렸거나 반대로 혐오감을 느끼는 것은 사회에서 제시하는 여성스러운 이미지와는 반대되는 반항아, 매춘부, 그리고 천박해 보이는 우리의 어두운 면을 들킨 것처럼 생각되기 때문일 것입

니다.

우리는 어른이 된 뒤에도 여전히 완벽하게 참한 여자의 모습을 보여 줘야 인정받을 수 있다는 믿음을 버리지 못하고 있습니다. 하지만 우리는 그런 여자가 아니며, 될 수도 없고 되고 싶지도 않다는 것을 인정해야 합니다. 참한 여자들의 이상적인 부분이라 할 수 있는 조심스러움과 순수한 생각은 받아들이되, 완벽주의는 버려야 합니다.

우리 모두에게서 참한 여자가 되려는 허울을 완벽하게 몰아낸다고 해서 나에게 조금이라도 남아 있는 여성스럽고 참한 면들이 모조리 없어진다는 걸 의미하지는 않습니다. 참하다는 것은 현실적이고 건강한 우리 모습의 일부이지, 전체가 아니라는 점을 분명히 인식해야 합니다. 그런 모습을 가지는 것이 우리의 유일한 존재 방법이거나 큰 부분이라고 생각하기 시작하면, 자신의 너무나 인간적인 면이나 단점에 대해 부끄러움만 느낄 뿐입니다. 정작 우리에게서 몰아내야 하는 것은 여러 개의 가면을 쓴 수치심입니다. 자기 자신에게나 남들에게 인정받기 위해서는 꼭 완벽해야 하거나 내숭을 떨 필요는 없습니다.

- 나는 나의 인간다움을 즐길 용기가 있다.

- 나는 내 다른 자아를 모두 받아들인다.

- 나는 있는 그대로 완벽히 인정받을 수 있다.

기적을 믿지 않는 나

우리 내면과 우리 주변에는 비록 형태는 눈에 보이지 않지만 하나님, 영혼, 천사 등 여러 가지 다른 이름으로 불리는 힘의 근원이 존재합니다. 그러한 존재들은 우리가 필요할 때마다 불러 주기를 기다리고 있는데 우리가 그 힘을 몰라서, 아니면 믿지 못하고 의심하거나 건망증 때문에 무시하곤 하지요.

하지만 애너벨은 그 힘을 기억하고 이용했습니다. 그 능력은 어느날 밤 그녀에게 드라마틱하게 나타났습니다. 캘리포니아의 한 수련원에서 보내게 된 첫날이었습니다. 그녀는 자러 가려다가 마침 차에서 가져와야 할 것이 생각나서 주차장 언저리에 있는 잔디밭처럼 보이는 곳을 지나가다가 그만 2미터 깊이의 배수로 아래로 떨어졌습니다. 몇 초 후 정신을 차리고 보니 머리부터 떨어진 채로 배수로에 자기 몸이 끼어 있었습니다. 바로 설 수도 빠져나올 수도 없었고, 뒤통수에서 피가 흐르는 게 느껴졌습니다. 그 순간 "아무도 내가 여기 있다는 걸 몰라. 지금은 자정이 다 된 늦은 밤이지." 하는 생각이 들었습니다. 그때 애너벨은 흥분하지 않고 대신 "당신의 도움이 필요합니다!" 하고 하나님에게 기도했습니다. 그리고 어떻게 된 일인지 기억도 나지 않았지만, 정신을 차리고 보니 기적 같은 일이 일어나 있었습니다. 자기가 차 옆에 있었던 것입니다.

우리의 내면과 우리 주변에 분명히 있는 어떤 존재를 연결하기 위해 눈을 감고 여러분이라는 존재의 중심으로 깊이 여러분 자신을 옮겨 놓아 보세요. 그곳은 삶의 신비한 미스터리에 대한 감사로 가득한 곳입니다. 숨을 들이쉬면서 "힘을 주셔서" 하고 말하고, 숨을 내쉬면서 "감사합니다." 하고 말해 보세요. 차분하게 몇 분간 이 숨쉬기 기도를 연습하면서 가슴을 평화로 채워 보세요.

우리 모두에게는 용기가 있고, 우리는 그것을 지혜롭게 이용하면서 감사하면서 살라고 초대받은 존재들입니다.

• 나는 내 내면의 지혜와 내 주변의 보이지 않는 힘을 이용한다.

• 나는 나를 사랑하고 보호하는 기운으로 둘러싸여 있다.

• 나는 나의 내면에 있는 사랑과 지혜에 감사한다.

쉽사리 포기하고 싶어 하는 나

테레사 수녀는 "작은 일을 큰 사랑으로 하세요."라는 신성한 에너지가 느껴지는 말씀을 남겼습니다. 제 남편은 그 문장을 "작은 일을 큰 사랑으로 하면 많은 것이 달라집니다!"로 바꾸어 썼습니다.

언젠가 하와이에서 강력한 태풍에 불가사리 수백 마리가 해변으로 밀려 나온 적이 있습니다. 그런데 한 여자가 아침 산책을 하면서 발을 옮길 때마다 불가사리를 한 마리씩 집어서 바다에 던져 주는 것이었습니다. 그 장면을 보고 있던 한 남자가 말했습니다. "불쌍한 녀석들, 너무 많아서 그깟 몇 마리 던져 넣는다고 해도 별 의미는 없을 것 같네요." 그러자 여자는 미소로 대답했습니다. "그렇지만 적어도 이 녀석한테는 의미가 있을걸요."

우리는 누군가에게 의미 있는 영향을 줄 수 있습니다. 자주 긍정적인 방법으로 누군가의 삶에 영향을 미치면서도 미처 그것을 깨닫지 못할 때가 많을 뿐이지요. 평범한 경험을 가지고도 나를 거짓 없이 보여 주면서 남들을 보살피고 그들의 인생에 중요한 의미를 만들어 줄 수 있습니다. 우리에게는 모두 지혜로운 에너지가 있으며, 이해하고 인식함으로써 내 존재의 한 부분을 밝히면 다른 사람들이 가는 길도 비춰 줄 수 있습니다.

- 나는 차이를 만들어낸다.
- 나는 작은 일들을 큰 사랑으로 한다.
- 나는 나를 통해 정직하게 신성한 에너지를 표현한다.

여자는 약하다고
생각하는 나

이런 노랫말이 있는 동요가 있습니다. "소녀들은 무엇으로 만들어 졌나요? 설탕과 향신료와 모든 좋은 것, 소년들은 무엇으로 만들어졌 나요? 개구리와 달팽이 그리고 강아지 꼬리". 소녀 시절에는 이 노래 가 재미없고, "차라리 내가 남자였다면 좋았을 텐데." 하고 생각했던 적도 있었습니다.

해로운 것이라고는 전혀 없어 보이는 동요지만 사실은 우리가 이 제까지 배워 온 것을 그대로 보여 주고 있는 노래입니다. 여자는 착 하고 달달해야 한다는 뜻과 믿음, 힘, 권한 같은 것은 달지도 착하지 도 않아서 남성적인 특권을 뜻한다는 메시지가 감춰져 있었던 것이 지요. 실제로 권력을 상징하는 검과 권한을 상징하는 왕권은, 적어도 겉으로 보기에는 여성적인 것과는 반대된다는 내용이었습니다.

물론 이것은 사실이 아닙니다. 여성들이 이제껏 해왔던 아이를 낳고 감정을 이야기하고 친밀한 관계를 맺고 생활비를 벌고 평화를 지키는 역할을 하고, 또 다른 일상의 여러 요소들을 해결하는 역할을 하는 데는 많은 힘과 능력이 필요합니다. 우리는 여태 스스로를 의심해 왔지만 두려워서 인정하지 못했던 '우리는 강하고 힘과 능력이 있다.'는 사실을 이제야 다시 인정할 수 있게 되었습니다.

따라서 우리는 이제 권력이라는 검과 권한이라는 왕좌를 조심스럽고 다정하게 여성적인 방법으로 일상에 동화시켜야 합니다. 이것은 모든 사람들의 힘을 북돋우기 위한 것으로, 우리의 사랑과 염원에서 시작되어야 합니다. 먼저 강점과 약점, 힘과 취약점을 함께 지닌 나 자신을 인정하고 사랑하는 것입니다. 내 삶의 검과 왕좌는 바로 남이 아닌 내가 차지해야 합니다.

- 나는 강하고 힘이 있다.
- 나는 내가 여자라는 것을 사랑한다.
- 나는 내 힘과 권한을 사랑으로 조심스럽게 사용한다.

고통의 불가마를 지나고 있는 나

수도자는 신과 연결되는 통로로 쓰임을 받은 사람입니다. 깨끗하고 단단한 그릇으로서 영적인 에너지를 담고 쏟아 버리는 역할을 합니다. 그들은 자신의 고통스러운 삶을 통해 배운 것을 나누며 다른 사람을 돕습니다. 수도자의 정의로만 본다면, 여자들은 이미 수도자가 되기 위한 훈련 중에 있는 사람들이나 다름없습니다. 아무리 멋지게 빚어진 도자기라도 단단하고 쓸모 있는 그릇이 되기 위해서는 먼저 오랜 시간 가마 속에서 뜨거운 불을 견뎌야 하는 것과 마찬가지입니다.

공부도 많이 했고 외모도 아름다운 애니는 가족 사별에 관한 프로그램의 호스피스로 일하고 있습니다. 누구나 그녀 앞에서는 자신의 가장 어두운 감정을 표현하는 것을 두려워하지 않았습니다. 많은 말을 하지 않아도 그녀에게서는 이해해 주고 인정해 주는 느낌이 나와서 슬픔과 고통에 빠져 있는 사람들에게로 흘러갑니다. 왜일까요? 그것은 그녀가 자식의 죽음이라는 불가마를 통과한 사람이었기 때문입니다. 그녀는 감당하기 어려운 끔찍한 고통을 겪은 뒤에 오히려 신비한 에너지로 가득한 이해심 많고 단단한 그릇이 되었습니다.

애니의 경우처럼 고통은 연민의 인큐베이터가 될 수 있습니다. 그녀처럼 자신의 고통을 성장의 도구로 여겨 다른 사람들을 잘 섬길 수 있는 기회로 삼으면 그보다 의미 있는 일이 어디 있겠습니까. 누구나 고통이 주는 의미를 전혀 이해하지 못할 때보다는 그 의미를 알고 있거나 찾으려고 할 때가 더 견디기 수월합니다. 살아가면서 겪게 되는 고통스러운 경험들을 '나라는 그릇'을 완벽하게 만들어 주는 기회로 여기고 용기를 가진다면, 내 인생을 가장 의미 있는 것으로 만들어 갈 수 있습니다.

- 나는 연민과 이해심을 가지고 남들에게 손을 내민다.
- 나는 깊은 고통 속에서도 그 의미를 찾을 용기가 있다.
- 나는 나 자신을 신비한 에너지를 담는 그릇이라고 생각하고,
  남을 섬기는 것에서 기쁨을 얻는다.

내 느낌을
믿지 못하는 나

막내아들이 아홉 살 때, 저는 호놀루루의 한 고속도로 갓길에서 아이와 함께 자전거를 타고 있었습니다. 신나게 아들의 뒤를 따라가다가 저는 갑자기 달려오던 트럭이 옆으로 휘어지면서 아이를 들이받는 장면과 길 한가운데서 아이를 안고 구급차를 불러 달라고 소리치고 있는 제 모습을 환영으로 경험했습니다. 그 순간 저는 "어머니, 아버지, 하나님, 제가 방금 본 장면을 전혀 아무 일도 없었던 이전 상황으로 바꿔 주시기를 간절히 원합니다." 하고 기도했습니다. 바로 그때 빨간 트럭이 갓길 쪽으로 휘어오다가 간발의 차이로 제 아들을 피해 지나갔습니다.

우리가 주의를 집중하면 직감적으로 앞으로 일어날 일을 미리 보게 될 때가 있습니다. 미리 일어날 일에 대해 경고를 받았으니, 원치 않는 상황을 바꾸려는 요구를 할 기회도 생긴 것이지요. 자신의 직감을 믿는 것은, 쉽지 않은 도전입니다. 그러나 내면의 목소리에 귀를 기울일 용기가 있고 들리는 대로 행동할 힘이 있다면, 내면의 지혜와 교감할 수 있습니다.

- 나는 직감에 관심이 있다.
- 나는 나의 직감을 믿을 용기가 있다.
- 나는 내면의 지혜와 힘을 이용하여 상황을 바꾼다.

침묵을 견디지 못하는 나

지혜는 고요에서 시작됩니다. 그런데 우리 일상에서는 온갖 소리가 나지요. 그 소리들이 섞여서 불협화음을 내는데 어떻게 내면의 지혜와 직감의 소리를 들을 수 있겠습니까? 고요히 내면의 소리에 집중할 수 있는 시간을 가질 수 있도록 침묵을 깨고 싶어하는 스스로를 절제하는 힘과 용기를 내는 것은 누구에게나 큰 도전입니다. 하지만 그렇게 하지 않으면 우리는 자신의 아주 작은 일부만을 인지하고 살아가게 됩니다.

제가 살던 하와이에 아브라함 카와이라는 선생님이 있었습니다. 그는 제자들에게 많은 것을 가르치지만, 그의 가르침은 "주의 집중"이라는 딱 한 마디로 요약할 수 있습니다. 흥미롭게도 '주의'의 반대

말은 '무시와 방치'입니다. 그렇다면 우리는 얼마나 자주 내면의 작은 목소리를 무시하나요? 또 얼마나 자주 내면의 목소리가 속삭이는 유익한 메시지를 듣지 못하는지요?

지금 잠깐, 내면의 목소리에 귀를 기울여 보세요. 아무런 방해를 받지 않는 공간에서 편안한 자세로 똑바로 앉아 보세요. 질문이나 대답이 필요한 문제가 있다면, 종이에 적어서 곁에 두고 고요의 시간으로 들어가 보세요. 숨 쉬는 것에만, 즉 숨이 몸속으로 들어갔다 나오는 것에만 집중하세요. 잡념이 떠오르면 친절하게 인정하고 쉽사리 빠져 나가게 내버려 두세요. 그런 다음 다시 숨쉬기에 집중하세요.

편안할 때에만 이 단순 동작을 반복하세요. 마지막 1~2분간은 숨을 들이쉴 때 "나는" 하고 말하고, 내쉴 때는 "안다" 하고 말하세요. 살짝 눈을 뜨고 떠오르는 생각을 자유로이 적어 보세요. 새로 적은 것들이 처음에 적어 놓았던 질문들과 상관없는 질문이라도 괜찮습니다. 생각이 머릿속에서 자유롭게 튀어나오도록 하는 데 익숙해지면, 고요에서 지혜를 얻을 수 있습니다.

- 나는 내면의 지혜에 주의를 집중한다.
- 나는 내 안에 모든 답을 갖고 있다.

여성스러움이
유치하다고 생각하는 나

전설적인 트로이 전쟁에서 가부장적인 그리스 사람들이 모계사회인 트로이 사람들을 물리쳤던 전략은 속임수였습니다. 그리스인들이 보낸 어마어마한 목마는 트로이를 무적으로 만들어 줄 평화의 공물로 성벽 안쪽까지 들여보내졌습니다. 목마 안에 숨어 있던 그리스 장병들은 트로이 사람들이 잠에 곯아떨어진 사이 성 밖에서 기다리고 있던 그리스 군대에게 성문을 열어 주었고, 결국 트로이는 모두 불탔고 그리스인들의 승리로 끝이 났습니다.

이 이야기에서 보는 것처럼 여성스러운 에너지는 수세기 동안 잠들어 있었습니다. 그 동안 남성적인 에너지와 사상이 종교와 정치를 장악했고, 그것이 유일한 것인 양 떠받들어졌습니다. 하지만 우리는 현세의 트로이 여성으로서, 삶과 문화의 모든 면에서 제대로 균형을 잡아야 할 필요가 있습니다. 여자들의 영적, 보호적 기질로도 누그러뜨리지 못한 지배, 경쟁, 정복 같은 호전적인 남성적 기질들은 결국 지구촌을 위협하고 있습니다. 이제 우리는 남성적 에너지와 여성적 에너지 모두를 존중하고, 여자라는 소우주와 세상이라는 대우주 안에서 두 에너지를 균형 있게 합성하여야 합니다.

잠시 여러분에게 있었으면 하는 여성스러운 특징, 또는 남성스러운 특징들을 열거해 보세요. 눈을 감고 긍정적이고 남성스러운 특징의 완벽한 보기가 되는 사람이나 물건의 이미지를 떠올려 보세요. 그에게 여러분 내면에 있는 명예롭고 가치 있는 보호자가 되어 달라고 요청하세요. 여러분이 자신에게 있었으면 하는 여성스러운 특징들도 같은 방법으로 떠올려 보세요.

일상을 살면서 우리는 남성적이거나 여성적인 에너지의 속성 모두를 우리 내면에 지닐 의지가 있어야 합니다.

- 나는 나의 여성적 특징과 남성적 특징 모두를 가치 있게 여긴다.
- 나는 내면의 평화와 화합을 먼저 이룸으로써
  지구촌의 평화와 화합을 이끈다.

나이 든 여자들을
무시하고 살아온 나

대대로 같은 마을에서 함께 일하며 생활하던 시대에는 젊은 여자들이 나이 많은 여자들에게서 영감과 안정을 얻을 수 있었습니다. 자연스럽게 어머니, 할머니, 이모로부터 지혜를 얻고 사랑과 보살핌을 받으며 살아갔지요. 하지만 요즘에는 가족이나 친척들이 너무 멀리 떨어져 살고 집안문제로 아예 관계를 끊고 사는 경우도 많습니다. 하지만 나이든 여자들은 여전히 앞서 살아온 인생 선배로서 젊은 여자들이 가는 길을 인도해 줄 수 있습니다. 그들은 우리가 지금 가고 있는 길을 이미 경험했기 때문입니다.

간혹 성숙해지려면 무엇이든 혼자 해야 한다고 잘못 생각하는 사람이 있을지도 모르겠습니다. 가장 성공적이며 뛰어난 운동선수들조차 그들을 인도하고 격려하고 가르쳐 줄 코치를 둔다는 점을 기억해야 합니다. 우리들에게도 코치가 필요합니다. 마찬가지로 지금 우리가 걷는 길을 성공적으로 걸어간 사람들에게서 배우는 것이 중요합니다. 멘토가 되어 줄 어머니가 이미 곁에 없다면 믿을 수 있고 존경하는, 우리가 힘들 때 기댈 수 있는, 우리를 가르치고 이끌어 줄 수 있는 사람을 찾는 것이 중요합니다. 우리도 나이 들어가면서 우리보다 젊은 여자들에게 멘토가 되어 주고 지속적으로 여성공동체를 확대해 갈 수 있습니다.

여자들은 서로에게 줄 것이 많습니다. 한 명 이상의 멘토를 두어 그들이 베푸는 사랑을 누리면, 우리 내면에 있는 지혜의 에너지가 더 강해질 수 있습니다.

- 나는 나 자신에게 멘토를 선물한다.
- 나는 _____를 내 인생의 안정, 영감, 지혜의 원천으로 환영한다.

세상이 너무 삭막하게만
느껴지는 나

사람들이 서로를 해치지 않고, 아무것도 해롭게 하지 않는 세상이 된다면 어떨지 상상해 보세요. 전쟁이 멈추고 열대림이 울창해지고 아기들이 다치지 않을 것이며 여성들은 불평등, 비판, 거절의 결과를 두고 싸우지 않아도 될 것입니다. 이런 꿈이 어떻게 현실이 될까요? 우리 자신부터 다른 누군가에게 해가 되지 않겠다는 조심스러운 태도를 용기 있게 선택할 수 있습니다. 우리는 말이나 행동을 하기 전에 우선 멈추고 스스로에게 이렇게 물어볼 수 있습니다. "내가 지금 하려는 말이나 행동이 누군가에게 또는 무엇에게 해를 끼치는 일은 아닐까?"

우리는 이미 어느 정도는 의식적으로나 무의식적으로 남에게 해를 가하고 싶지 않다는 의지를 가지고 행동합니다. 거미를 죽이지 않으려고 집어서 밖으로 내놓는다거나 말하려던 내용이 상대방의 마음을 상하게 할까 봐 약간 다르게 고쳐서 말할 수도 있습니다. 존중하는 태도는 상대방에게뿐 아니라 자기 자신에게도 반드시 필요합니다.

이렇게 아무도 아무것도 해치지 않는 삶을 시작하면 재미있는 일이 생깁니다. 우리 자신은 물론 모든 존재가 얼마나 귀한가에 눈을 뜨게 됩니다. 모든 것에 존재하는 신성함을 느끼는 것입니다. 생물과 무생물 모두의 삶을 공경하게 되고, 우리 마음과 생각에 고요함이 생깁니다.

해를 끼치지 않겠다는 의지를 굳게 다지면 연못에다 세게 던진 조약돌이 만든 물둘레처럼 우리가 만들어낸 사랑과 존경이 무한대로 커지면서 수많은 사람들에게 영향을 줍니다.

- 나는 모든 사람과 모든 사물을 존중한다.
- 나는 의식적으로 해를 끼치지 않는 삶을 실천한다.
- 니는 모든 삶을 공경한다.

저자의 말

이 책이 여성 독자 여러분을 돕는 친구처럼 느껴진다면, 저는 작가로서 더없이 기쁘겠습니다. 이 책 덕분에 자존감을 높이기 위한 첫걸음을 내디딜 용기를 얻었다면, 지금은 여러분의 손을 잡아 줄 누군가가 필요한 때입니다. 그렇기 때문에 여러분이 이 책을 읽고 난 지금 어쩌면 여러분과 제가 서로 손을 잡은 것과 같은 효과를 얻을 수 있을지도 모르겠습니다. 이 책을 읽은 여러분의 삶에 내면의 아이가 치유되어 웃음 짓고 기적의 무지개가 나타나며, 여러분 내면의 지혜와 친밀한 교감을 가질 수 있게 되었기를 바랍니다.

수 패턴 쏠리 Sue Patton Thoele

• 이 책의 저자인 수 패턴 쏠리는 정신분석가이며, 여성들의 용기와 영혼에 관한 많은 책을 썼습니다. 가족들과 미국 콜로라도 덴버 외곽에 살고 있습니다.

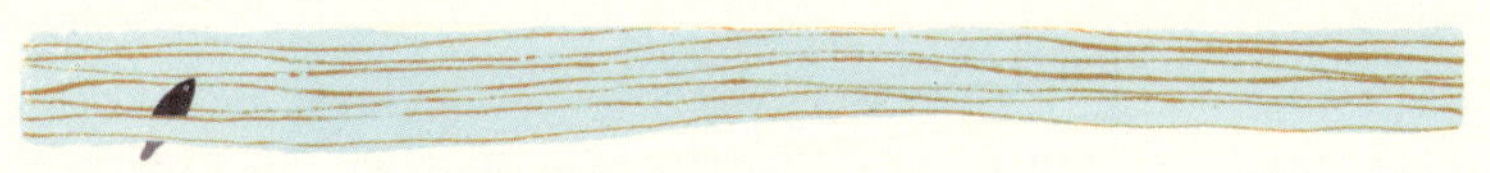

역자의 말

마흔이 넘으면서 제가 독립된 한 여자라는 사실이 새삼스럽게 와 닿기 시작했습니다. 이제까지는 그저 남들이 사는 대로, 보통 여자들이 살아가는 삶을 쫓아 무작정 살아왔었구나 하는 느낌도 강하게 들었습니다. 어느 날 저의 내면을 들여다봤더니 놀랍게도 아무것도 찾을 수가 없었습니다. 그저 해야 하는 여러 역할들을 감당하면서 나만의 의지나 꿈, 계획도 없이 주변 환경에만 맞춰 살아왔던 것이지요. 그러면서도 늘 뭔가를 갈망하고 뭔가를 채우고 싶어 하는 허전한 마음으로 살았다는 것도 깨닫게 되었습니다.

그것은 제게 큰 충격이었습니다. 그때부터 가장 쉽게 많은 지식과 경험을 쌓을 수 있는 독서에 다시 취미를 붙였습니다. 먼저 헤르만 헤세의 〈데미안〉, 카뮈의 〈이방인〉을 시작으로 고전 명작소설을 읽기 시작했고 그 뒤로는 그 소설들에서 공통적으로 다루는 철학자들의 사상, 특히 니체에 빠져 철학에 관한 책들을 읽었습니다. 그러고 나서 자연스럽게 자아, 내면, 명상으로 이어지는 관심을 따라 자기 계발, 명상에 관한 책들을 읽게 되었고 결국 사람의 뇌와 심리학 관련 전공서적까지 읽게 되었습니다.

1년 간 모두 50권 정도의 책을 읽고 나자 뭔가 하고 싶다는 생각이 제 안에서 꿈틀거렸습니다. 상담 또는 자기 계발 분야를 공부하고 싶기도 했지만, 현실적으로 아이들의 엄마로서, 사업을 이끌어가는 현재의 상황에서는 쉽지 않은 일이었지요. 그러던 중 우연한 기회에 「The Woman's book of Courage」를 읽고 깊이 공감했습니다. 자존감 결여, 내면의 아이의 외침 등 제 인생이 이 한 권의 책 안에 고스란히 담겨 있는 것 같았기 때문입니다. 덕분에 세 살 때 처음 미국에 가서 대학을 졸업한 뒤 완전히 귀국할 때까지 미국에서 살았던 경험을 바탕으로 비전문가의 무모한 도전 정신으로 제게 큰 감동을 준 이 책을 번역하게 되었습니다.

이 책의 저자인 수 패턴 쏠리가 말한 대로, 우리는 모두 누군가의 도움이 필요한 사람들입니다. 저자는 힘든 고통들을 넘어섰던 자신의 경험과 비슷한 상황에 있는 여러 여성들을 도우며서 많은 지혜를 얻었다고 했습니다. 사랑, 마음, 연민, 고통…… 이 말들은 평생 우리와 함께하는 단어들이지만, 그때그때 받아들이고 이해하는 느낌은 계속 달라져야 한다는 것을 이 책을 통해 깨달았습니다. 이 책이 제게 큰 영감과 도움을 주었듯이, 여러분에게도 같은 여자로서 인생을 돌아보며 더 나은 자신을 찾으려는 용기를 내는 발판이 되었으면 합니다.

새로운 도전을 하도록 격려해 주고 도와주신 남편과 가족들 그리고 회사 직원들께 감사를 드립니다.

신주영

내가 이렇게 된 건 너 때문이야

2015년 3월 12일 처음 찍음
2015년 4월 10일 2쇄 펴냄

글 수 패턴 쏠리 Sue Patton Thoele
번역 신주영
그림 최현수 www.hyunsoochoi.com
펴낸 이 권준성
펴낸 곳 아현
주소 (413-200) 경기도 파주시 한빛로 43(야당동 501-59)
전화 031-949-5771
팩스 031-946-0986
등록 1999.12.3. 제66호
ISBN 978-89-5878-180-6(13190)

편집책임 전정숙
디자인 나무디자인 정계수
마케팅 이병호
출력 판코리아
인쇄 벽호
정가 14,500원

이 도서의 국립중앙도서관 출판예정도서목록(CIP)은 서지정보유통지원시스템 홈페이지(http://seoji.nl.go.kr)와
국가자료공동목록시스템(http://www.nl.go.kr/kolisnet)에서 이용하실 수 있습니다.(CIP제어번호: CIP2015006855)

아현은 책으로 세상을 따뜻하게 만들어 갑니다.

그여자가웃는다는 도서출판 아현의 미즈 브랜드입니다.